Kosten-, Erlös- und Ergebnisrechnung

Wolfgang Becker · Robert Holzmann

Kosten-, Erlös- und Ergebnisrechnung

Einführung für Bachelor-Studierende

2. Auflage

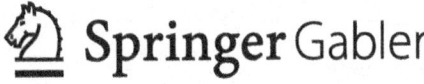

Wolfgang Becker
Otto-Friedrich-Universität Bamberg
Bamberg, Deutschland

Robert Holzmann
PricewaterhouseCoopers AG
Frankfurt am Main, Deutschland

ISBN 978-3-658-13945-2   ISBN 978-3-658-13946-9 (eBook)
DOI 10.1007/978-3-658-13946-9

Die Deutsche Nationalbibliothek verzeichnet diese Publikation in der Deutschen Nationalbibliografie; detaillierte bibliografische Daten sind im Internet über http://dnb.d-nb.de abrufbar.

Springer Gabler
© Springer Fachmedien Wiesbaden 2014, 2016
Das Werk einschließlich aller seiner Teile ist urheberrechtlich geschützt. Jede Verwertung, die nicht ausdrücklich vom Urheberrechtsgesetz zugelassen ist, bedarf der vorherigen Zustimmung des Verlags. Das gilt insbesondere für Vervielfältigungen, Bearbeitungen, Übersetzungen, Mikroverfilmungen und die Einspeicherung und Verarbeitung in elektronischen Systemen.
Die Wiedergabe von Gebrauchsnamen, Handelsnamen, Warenbezeichnungen usw. in diesem Werk berechtigt auch ohne besondere Kennzeichnung nicht zu der Annahme, dass solche Namen im Sinne der Warenzeichen- und Markenschutz-Gesetzgebung als frei zu betrachten wären und daher von jedermann benutzt werden dürften.
Der Verlag, die Autoren und die Herausgeber gehen davon aus, dass die Angaben und Informationen in diesem Werk zum Zeitpunkt der Veröffentlichung vollständig und korrekt sind. Weder der Verlag noch die Autoren oder die Herausgeber übernehmen, ausdrücklich oder implizit, Gewähr für den Inhalt des Werkes, etwaige Fehler oder Äußerungen.

Lektorat: Anna Pietras

Gedruckt auf säurefreiem und chlorfrei gebleichtem Papier

Springer Gabler ist Teil von Springer Nature
Die eingetragene Gesellschaft ist Springer Fachmedien Wiesbaden GmbH

Vorwort

Die Kosten-, Erlös- und Ergebnisrechnung kann wohl als eines der ältesten Instrumente innerhalb der Betriebswirtschaftslehre bezeichnet werden. Nichtsdestotrotz hat sie bis heute kaum an Aktualität und Relevanz sowohl in der Praxis als auch in der Forschung verloren. Das hier vorliegende Buch hat vor allem das Ziel den Einstieg in das Fach der Kosten-, Erlös- und Ergebnisrechnung zu erleichtern und versucht, die wesentlichen Grundtatbestände, Instrumente und Methoden des Faches in einfacher und nachvollziehbarer Weise darzulegen.

Ausgangspunkt der Betrachtung ist dabei die Einordnung der Kosten-, Erlös- und Ergebnisrechnung in den Gesamtzusammenhang betriebswirtschaftlicher Unternehmensführung sowie im Speziellen in das Teilgebiet des betrieblichen Rechnungswesens (Kap. 1). Als Instrument des betrieblichen Rechnungswesens, dient die Kosten-, Erlös- und Ergebnisrechnung vor allem dazu, den Erfolg eines Unternehmens nach kalkulatorischen Vorgaben auszuweisen. Zum besseren Verständnis dieser Einordnung und als Grundlage der späteren Umsetzung werden in Kap. 2 vertiefend die Grundtatbestände der Kosten-, Erlös- und Ergebnisrechnung, im Speziellen die verschiedene Zwecke, Begriffe sowie Systematiken dargelegt.

Kap. 3, 4 und 5 umfassen ferner den Kern der traditionellen Kosten-, Erlös- und Ergebnisrechnung. Hier werden nacheinander die Methoden und Instrumente der Kostenerfassung und -charakterisierung (Kostenartenrechnung), der innerbetrieblichen Gemeinkostenverrechnung (Kostenstellenrechnung) sowie der schlussendlichen Verrechnung der Kosten auf die jeweiligen Kostenträger (Kostenträgerrechnung) betrachtet. Im Sinne einer zukunftsorientierten Ausrichtung des Unternehmens und zur Aufdeckung möglicher Ursachen zu hoher Kosten, können diese Informationen ferner dazu genutzt werden, Kosten zu planen sowie zu kontrollieren (Kap. 6).

Sind die Kosten einzelner Kostenträger erfasst, können diese Informationen mit ihrem erfolgswirtschaftlichen Gegenpol, den Erlösen, gegenübergestellt werden. Aus dieser Gegenüberstellung lässt sich der schlussendliche Erfolg des Unternehmens und/oder einzelner Produkte ermitteln. Kap. 7 betrachtet die hierfür notwendigen Methoden und Instrumente. Diese Erfolgsrechnung kann dabei als Ausgangspunkt heutiger Entwicklungen des Kosten-, Erlös- und Ergebnismanagements betrachtet werden. Diesem Kosten-,

Erlös- und Ergebnismanagement liegt das Ziel zu Grunde, das Ergebnis eines Unternehmens nicht nur aus internen Gesichtspunkten zu betrachten. Vielmehr soll die Kosten- und Erlössituation eines Unternehmens vor dem Hintergrund vielfältiger Perspektiven (Markt, Wettbewerb, Wertkette, Lebenszyklus) hinterfragt und möglichst in ganzheitlicher Abstimmung auf den Unternehmenszweck ausgerichtet werden.

Um den Einstieg in das Thema der Kosten-, Erlös- und Ergebnisrechnung möglichst einfach zu gestalten, werden die jeweiligen Kapitel am Ende durch stichpunktartige Zusammenfassungen, Übungsaufgaben inklusive den dazugehörigen Lösungen sowie weiterführenden Literaturtipps ergänzt. Da der Einstieg in das Fach der Kosten-, Erlös- und Ergebnisrechnung am Anfang zumeist durch die Vielzahl unterschiedlicher Begrifflichkeiten erschwert wird, findet der Leser am Ende des Buches ein umfassendes, alphabetisches Glossar mit den wichtigsten Definitionen innerhalb des Faches.

Bevor nur allerdings der Inhalt des Buches dargelegt werden soll, möchten sich die Autoren bei all denjenigen bedanken, die bei der Erstellung, Überarbeitung und Korrek-tur dieses Buches mitgeholfen haben. Insbesondere gilt der Dank im Rahmen der 1. Auflage Frau Lena Binninger sowie unseren studentischen Hilfskräften Julia Müller, Teresa Hüttinger, Michaela Datz, Kathrina Hildenbrand, Marcel Kraus, Felix Lutz, David Nill und Constanze Hiller. Zusätzlich möchten wir uns bei den wissenschaftlichen Mitarbeitern Christian Hilmer, Christoph Feichtinger und Matthias Nolte bedanken, die gerade bei der Überarbeitung und Durchsicht der 2. Auflage unterstützt haben.

April 2016

Wolfgang Becker
Robert Holzmann

Inhaltsverzeichnis

1 Einordnung des Kosten-, Erlös- und Ergebniscontrolling in den Gesamtzusammenhang unternehmerischen Handelns 1
   1.1 Die Grundlagen unternehmerischen Handelns. 1
   1.2 Die betriebliche Wertschöpfung. 2
   1.3 Unternehmensführung und Controlling 3
   1.4 Das Finanz- und Rechnungswesen. 5
   1.5 Zusammenfassung 7
   Weiterführende Literatur. 8

2 Grundtatbestände der Kostenrechnung 9
   2.1 Kostenbegriff und Abgrenzung bedeutsamer Rechengrößen. 9
   2.2 Wesensmerkmale der Kostenrechnung. 14
   2.3 Rechenzwecke der Kostenrechnung. 15
   2.4 Bedeutsame Begriffsdifferenzierungen von Kosten. 16
       2.4.1 Die Differenzierung von Kosten nach deren Zurechenbarkeit..... 18
       2.4.2 Die Differenzierung von Kosten nach Kosteneinflussgrößen. 20
   2.5 Konzepte der Voll- und Teilkostenrechnung. 23
   2.6 Teilgebiete der Kostenrechnung. 24
   2.7 Zusammenfassung 26
   Weiterführende Literatur. 27

3 Aufbau und Inhalt der Kostenartenrechnung 29
   3.1 Materialkosten 29
   3.2 Personalkosten 35
   3.3 Kapital- bzw. Anlagekosten 36
   3.4 Kalkulatorische Wagnisse. 41
   3.5 Zusammenfassung 42
   Weiterführende Literatur. 43

4 Aufbau und Methoden der Kostenstellenrechnung 45
   4.1 Begriff und Funktion der Kostenstellenrechnung 45

	4.2	Die Trennung in Vor- und Endkostenstellen.	46
	4.3	Ablauf der innerbetrieblichen Leistungsverrechnung	48
	4.4	Das Stufenleiterverfahren.	50
	4.5	Das Gleichungsverfahren.	52
	4.6	Zusammenfassung	55
		Weiterführende Literatur.	56
5	**Aufbau und Methoden der Kostenträgerrechnung**	**57**
	5.1	Divisionskalkulation.	58
	5.2	Äquivalenzziffernkalkulation.	59
	5.3	Zuschlagskalkulation	61
	5.4	Verrechnungssatzkalkulation	64
	5.5	Exkurs: Prozesskostenrechnung.	67
	5.6	Kalkulation von Kuppelprodukten.	68
	5.7	Zusammenfassung	71
		Weiterführende Literatur.	71
6	**Planung, Erfassung und Kontrolle der Kosten**.	**73**
	6.1	Kostenplanung, -steuerung und -kontrolle als Führungsaufgabe.	73
	6.2	Die Ermittlung von Abweichungsursachen	74
	6.3	Systeme der Plankostenrechnung.	77
	6.4	Zusammenfassung	81
		Weiterführende Literatur.	82
7	**Aufbau der Erlös- und Ergebnisrechnung**	**83**
	7.1	Grundtatbestände der Erlösrechnung	83
	7.2	Konzepte der Ergebnisrechnung.	85
	7.3	Bedeutsame Kennzahlen zur Analyse der Erfolgsstruktur	93
	7.4	Break-Even-Analyse	95
	7.5	Zusammenfassung	99
		Weiterführende Literatur.	100
8	**Kosten-, Erlös- und Ergebnismanagement**	**103**
	8.1	Begriff, Problemfelder und Aufgabengebiete des Kosten-, Erlös- und Ergebnismanagements	103
	8.2	Ausgewählte Instrumente des Kostenmanagements.	105
		8.2.1 Benchmark Costing	107
		8.2.2 Target Costing	109
		8.2.3 Transaction Costing	111
		8.2.4 Lifecycle Costing	112
	8.3	Zusammenfassung	113
		Weiterführend Literatur.	114

Glossar 115

Abbildungsverzeichnis

Abb. 1.1	Die betriebliche Wertschöpfung	2
Abb. 1.2	Verteilung der betrieblichen Wertschöpfung	3
Abb. 1.3	Der Gälweiler-Kreislauf erweitert zur Balanced Value Map	4
Abb. 1.4	Die Controlling-Funktionen	5
Abb. 1.5	Nominal- und Realgütersphäre	6
Abb. 1.6	Einordnung der Kosten-, Erlös- und Ergebnisrechnung in das Finanz- und Rechnungswesen	7
Abb. 2.1	Die Begriffe Auszahlung, Ausgabe, Aufwand und Kosten	10
Abb. 2.2	Aufwand und Kosten im Zusammenhang	12
Abb. 2.3	Rechenzwecke der Kostenrechnung	16
Abb. 2.4	Kostendifferenzierung nach Aufwandsgleichheit	17
Abb. 2.5	Einzel- und Gemeinkosten	18
Abb. 2.6	Beispielhafte Bezugsobjekthierarchie	20
Abb. 2.7	Variable und fixe Kosten	21
Abb. 2.8	Teilgebiete des Kosten-, Erlös- und Ergebniscontrolling	25
Abb. 2.9	Zusammenhang der Teilgebiete der Kostenrechnung	26
Abb. 3.1	Beispielhafter Kostenartenplan	30
Abb. 3.2	Prinzipien der Erstellung eines Kostenartenplans	30
Abb. 3.3	Schritte der Materialerfassung	31
Abb. 3.4	Grafische Darstellung des linearen Abschreibungsvorgangs	37
Abb. 3.5	Determinanten zur Berechnung der Abschreibungssumme	38
Abb. 3.6	Grafische Darstellung der Zinsberechnung nach der Durchschnittswertmethode	40
Abb. 3.7	Differenzierungsarten von Wagnissen	42
Abb. 4.1	Differenzierungstypen von Kostenstellen	46
Abb. 4.2	Beispielhafter BAB	47
Abb. 4.3	Abrechnungsschema der Kostenstellenrechnung	48
Abb. 4.4	Verfahren der innerbetrieblichen Leistungsverrechnung	49
Abb. 4.5	Kostenstellenbeziehung	50
Abb. 4.6	Grundschema des Gleichungsverfahren	53

Abb. 5.1	Verfahren der Kalkulation	58
Abb. 5.2	Restwertrechnung und Schlüsselungsverfahren	69
Abb. 6.1	Managementzyklus	74
Abb. 6.2	Ablauf der Kosten- und Leistungsplanung	74
Abb. 6.3	Zusammenhang zwischen Plan-, Ist- und Soll-Kosten	75
Abb. 6.4	Berechnungsformeln der Plankostenrechnung	76
Abb. 6.5	Systeme der Plankostenrechnung	77
Abb. 6.6	Grafische Darstellung der starren Plankostenrechnung	78
Abb. 6.7	Grafische Darstellung der flexiblen Plankostenrechnung auf Vollkostenbasis	79
Abb. 7.1	Der Zusammenhang zwischen Leistung und Erlös	84
Abb. 7.2	Zeitraum der Erlösrealisation	84
Abb. 7.3	Gesamt- und Umsatzkostenverfahren	86
Abb. 7.4	Der Effekt des „Sich aus dem Markt Herauskalkulierens"	87
Abb. 7.5	Voll- und Teilkostenrechnung bei der Entscheidungsfundierung	88
Abb. 7.6	Voll- und Teilkostenrechnung	90
Abb. 7.7	Beispielhafte Darstellung einer mehrstufigen Deckungsbeitragsrechnung	91
Abb. 7.8	Dimensionen einer Deckungsbeitragsrechnung	91
Abb. 7.9	Beispielhaft dargestellte Kennzahlen der Deckungsbeitragsrechnung	94
Abb. 7.10	Grafische Darstellung der Break-Even-Analyse	96
Abb. 7.11	Hip-roof-chart	97
Abb. 8.1	Definition und Aufgabenfelder des Kosten-, Erlös- und Ergebnismanagements	104
Abb. 8.2	Anforderungen an das Kostenmanagement	106
Abb. 8.3	Instrumente des Kostenmanagements	106
Abb. 8.4	Definition und Erscheinungsformen des Benchmark-Costing	107
Abb. 8.5	Vor- und Nachteile spezifischer Benchmark-Erscheinungsformen. (in Anlehnung an Kremin-Buch 1998)	108
Abb. 8.6	Generischer Ablauf des Target Costing	110
Abb. 8.7	Beispielhafter Ablauf des Target Costing	110
Abb. 8.8	Transaktionskostenarten	111
Abb. 8.9	Phasen des Lebenszyklus eines Produkts	112

Die Autoren

Dr. habil. Wolfgang Becker ist Ordinarius für Betriebswirtschaftslehre und Inhaber des Lehrstuhls für Betriebswirtschaftslehre, insb. Unternehmensführung und Controlling, sowie wissenschaftlicher Direktor des Deloitte Mittelstandsinstituts an der Universität Bamberg. Professor Becker hat unterschiedliche Leitungsfunktionen der Universität (Dekanat, erweiterte Universitätsleitung, Senat, Universitätsrat) ausgeübt. Derzeit ist er Mitglied des Chief Information Office der Universität Bamberg und leitet den Promotionsausschuss der Sozial- und Wirtschaftswissenschaftlichen Fakultät. Professor Becker wirkt zudem in den international ausgerichteten Executive MBA-Studiengängen der Johannes Gutenberg-Universität Mainz sowie der Friedrich-Alexander-Universität Erlangen-Nürnberg und in einem nationalen virtuellen Wirtschaftsinformatik-Studiengang der Universitäten Bamberg und Duisburg-Essen mit. Professor Becker ist zudem Mitglied im Kuratorium, Vorsitzender des Wirtschaftsbeirats und wissenschaftlicher Leiter im Campus of Excellence, einer unter der Schirmherrschaft des Bundesinnenministeriums stehenden Bildungsinitiative. Darüber hinaus hat er die Deutschlandrepräsentanz der schweizerischen Stiftungsinitiative „Lebenskonzept Unternehmertum" inne und ist Mitglied der Prüfungskommission der Wirtschaftsprüferkammer in Berlin. Des Weiteren ist er Gründungsgesellschafter und Beiratsvorsitzender der Scio GmbH, Erlangen. In diesem Kontext konnte er Erfahrungen als Gutachter, Berater, Trainer und Coach in unterschiedlichen Branchen des Sach- und Dienstleistungssektors gewinnen. Dazu zählen die Automobilwirtschaft, die Automobilzulieferwirtschaft, die Instandhaltungsindustrie, die Telekommunikationsbranche, die Anlagenbauindustrie, die Gas- und Wasserwirtschaft, die Verkehrs- und Logistikbranche, die medizintechnische Industrie, die Bau- und Wohnungswirtschaft, die optische Industrie, die Bank- und Versicherungswirtschaft. Mit insgesamt ca. 300 Publikationen, dazu zählen wissenschaftliche Veröffentlichungen, Beiträge in Sammelbänden und Handbüchern, zahlreiche Monographien, Lehrbücher und teils analoge, teils digitale Lehrmaterialien, hat sich Professor Becker in der wissenschaftlichen Gemeinschaft einen Namen gemacht.

Dr. Robert Holzmann war Doktorand und wissenschaftlicher Mitarbeiter am Lehrstuhl für BWL, insbesondere Unternehmensführung und Controlling der Universität Bamberg. Innerhalb seiner Lehrtätigkeit betreute Robert Holzmann u. a. das Fach Kosten-,

Leistungs- und Ergebniscontrolling. Daneben war Robert Holzmann Dozent der Verwaltungs- und Wirtschaftsakademie Nürnberg für die Fächer Investition und Finanzierung sowie Kostenrechnung. Die Forschungsschwerpunkte von Robert Holzmann lagen sowohl in den Bereichen der Corporate Compliance, der experimentell-verhaltensorientierten als auch kosten- und leistungsorientierten Unternehmensführung. Heute ist Robert Holzmann als Berater tätig.

Einordnung des Kosten-, Erlös- und Ergebniscontrolling in den Gesamtzusammenhang unternehmerischen Handelns

1.1 Die Grundlagen unternehmerischen Handelns

Zur Einordnung der Kosten-, Erlös- und Ergebnisrechnung in den Gesamtzusammenhang von Unternehmensführung und Controlling sowie in die Gesamtheit der Betriebswirtschaftslehre sind zunächst einige grundlegende Ausführungen zum Begriff, den Zielen sowie zu den Interessensträgern eines Unternehmens hilfreich.

Mit dem Begriff des Betriebes kann vereinfacht jegliche, durch das Zusammenwirken mehrerer Menschen charakterisierbare, zweck- und zielgerichtete Wirtschaftseinheit verstanden werden. Unternehmen, als wesentliches Erkenntnisobjekt der Betriebswirtschaftslehre, können in diesem Zusammenhang und in Abgrenzung zu Haushalten als diejenigen Betriebe bezeichnet werden, die zum Zwecke der Fremdbedarfsdeckung Güter und Dienstleitungen produzieren. Diese Güter und Dienstleistungen werden wiederum von anderen Unternehmen als Inputfaktoren in deren Produktionsprozessen eingesetzt oder aber von Haushalten konsumiert. Aufgrund der Ressourcenknappheit sind Betriebe grundsätzlich gezwungen, gemäß dem ökonomischen Prinzip zu wirtschaften.

Unter dem Aspekt der Eigentumsverhältnisse können öffentliche und private Betriebe unterschieden werden. Während öffentliche Haushalte und Unternehmen vorrangig gemeinwirtschaftliche Aufgaben zu erfüllen haben, dienen private Haushalte und Unternehmen individuellen Interessen. Privatwirtschaftliche Unternehmen, als Betrachtungsobjekt der vorliegenden Lehrmaterialien, lassen sich demnach als Instrumente verstehen, die von unterschiedlichen Interessenträgern zur Realisation ihrer eigenen Interessen genutzt werden. Zu diesen Interessenträgern zählen insbesondere Eigen- und Fremdkapitalgeber, Kunden und Lieferanten, Manager und Mitarbeiter, Konkurrenten sowie vielfältige weitere Gruppierungen (z. B. Gewerkschaften) und Einzelpersonen (z. B. Anwohner).

Alle diese Interessenträger verfolgen spezifische, teils komplementäre, teils jedoch auch divergierende Ziele. Zusammenfassend lassen sich insbesondere die Bedürfnisbefriedigungs-,

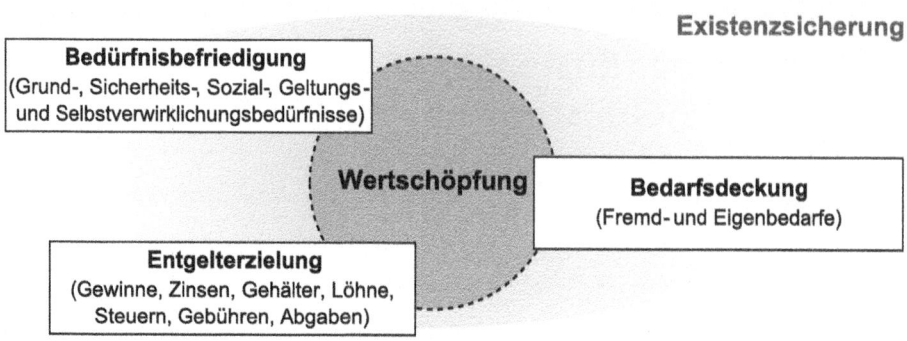

Abb. 1.1 Die betriebliche Wertschöpfung

die Bedarfsdeckungs- sowie die Entgelterzielungsinteressen als letztlich gleichrangige Zwecke unternehmerischen Handelns identifizieren (vgl. Abb. 1.1). Diese Zwecke werden hier unter dem Oberbegriff der unternehmerischen Wertschöpfung subsumiert.

1.2 Die betriebliche Wertschöpfung

Wertschöpfung entsteht durch das Hinzufügen eines Mehrwerts zu einem Vorleistungswert. Dieser Vorleistungswert wird im Sinne von Produktionsfaktoren über Lieferanten in das Unternehmen eingebracht. Mit Hilfe dieser Inputs produziert das Unternehmen entlang der Wertschöpfungskette aus Beschaffung, Produktion und Absatz eine Leistung, die schlussendlich auf Märkten abgesetzt wird. Der Wert des Outputs wird als Leistungs- oder Produktionswert bezeichnet. Die Differenz zwischen Leistungs- und Vorleistungswert bestimmt den Mehrwert.

Dieser Mehrwert enthält bei Betrachtung seiner Verwendungsmöglichkeiten drei verschiedene Aspekte (vgl. Abb. 1.2). Ein Teil des Mehrwerts fließt in Form der Personalentgelte an die Arbeitnehmer des Betriebes. Ferner werden auch die Interessen der Fremd- sowie der Eigenkapitalgeber befriedigt. Der dritte Bestandteil des Mehrwerts fließt in Form von Steuern und Abgaben dem Fiskus zu.

Rechnerisch findet die Wertschöpfungsrechnung z. B. Ausdruck in der vom externen Rechnungswesen erstellten Gewinn- und Verlustrechnung. Diese kann in eine allgemeinere wertschöpfungsbezogene Entstehungs- und Verwendungsrechnung überführt werden. In der Wertschöpfungsentstehungsrechnung werden die von einem Unternehmen abgegebenen Leistungen (z. B. Erträge), den jeweiligen, vom Markt bezogenen Vorleistungen gegenübergestellt (z. B. Aufwendungen für Material). Die Residualgröße entspricht dabei der entstandenen Wertschöpfung.

Die Wertschöpfungsverwendungsrechnung wiederum zeigt auf, wie die entstandene Wertschöpfung auf die Anspruchsgruppen des Unternehmens, also auf die Mitarbeiter (z. B. Gehälter/Löhne), Fremdkapitalgeber (z. B. Zinsen/Tilgung), Eigenkapitalgeber (z. B. Dividende) und dem Staat (z. B. Steuern) verteilt wird.

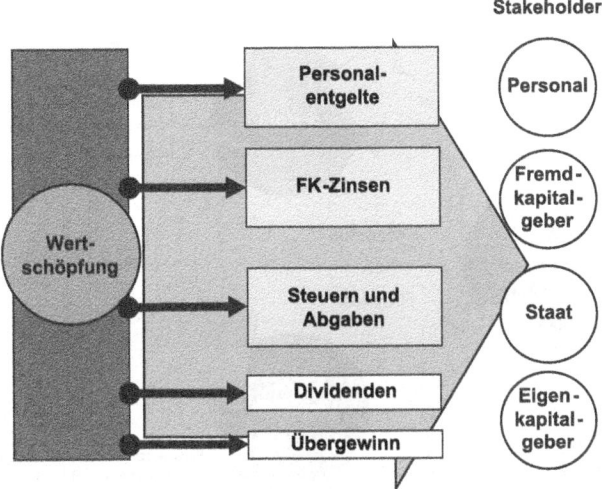

Abb. 1.2 Verteilung der betrieblichen Wertschöpfung

Um langfristig existieren zu können, ist es für ein Unternehmen notwendig, fortlaufend ausreichend Wertschöpfung sicherzustellen, um die jeweiligen Anspruchsgruppen bedienen zu können. Wesentliche Aufgabe der Unternehmensführung ist also, das gesamte unternehmerische Handeln auf den Zweck der Wertschöpfung auszurichten. Als zentrales Instrument, um diese Aufgabe zu bewältigen, dient der Unternehmensführung dabei das Controlling.

1.3 Unternehmensführung und Controlling

Das Controlling, als wertschöpfungsorientiertes Führungsinstrument, versucht also das gesamte betriebliche Handeln auf den Zweck der Wertschöpfung auszurichten und kann sich damit gleichrangig zu den traditionellen Instrumenten der Planung, Kontrolle, Organisation und Leitung gesellen.

Das Ausrichten bzw. das initiierende Anstoßen von Wertschöpfung kann mittels der Aufrechterhaltung des von *Aloys Gälweiler* beschriebenen und nach *Becker* zu einem generalisierten Geschäftsmodell (Balanced Value Map) ausgebauten Wirkungskreislaufs verdeutlicht werden (Abb. 1.3). Um langfristig ein Unternehmen auf den Wertschöpfungszweck auszurichten, ist es notwendig dauerhaft Liquidität zu sichern, Erfolg zu realisieren und Erfolgspotentiale zu erneuern.

Ausgangspunkt der Wertschöpfung ist die Existenz notwendiger Erfolgspotentiale. Diese als Vorsteuergrößen des Erfolgs zu charakterisierenden strategischen Führungsgrößen, gilt es aufzubauen, zu erhalten und zu erneuern. Erfolgspotentiale begründen dabei Wettbewerbsvorteile, durch deren Realisierung Erfolg generiert werden kann.

Die Realisierung von Erfolg wiederum, verstanden als die erzielte Differenz zwischen dem Ertrag und dem bewertetem Einsatz von Produktionsfaktoren, schlägt sich in

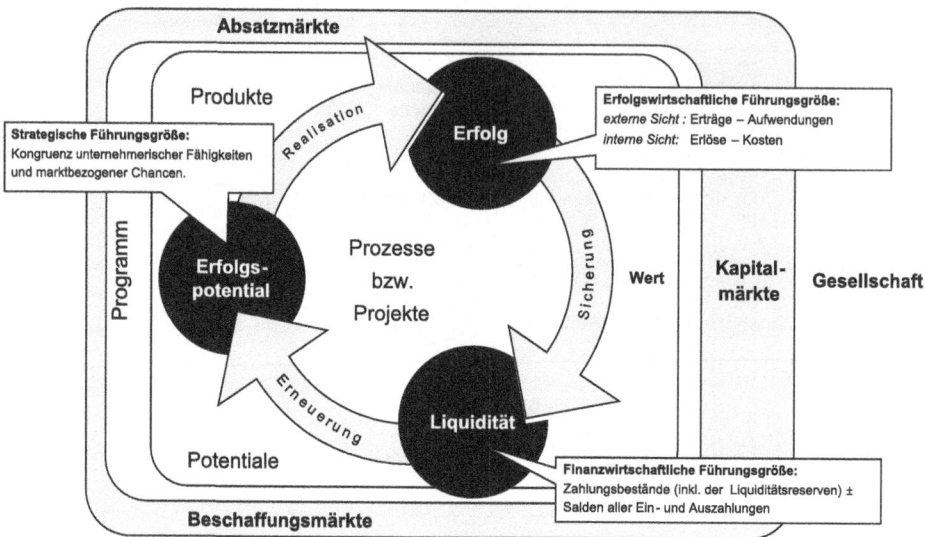

Abb. 1.3 Der Gälweiler-Kreislauf erweitert zur Balanced Value Map

tatsächlichen Ein- und Auszahlungen nieder und sichert damit eine notwendige Liquidität. Schließlich sind mit diesen liquiden Mitteln die sich im Zeitablauf abnutzenden Erfolgspotentiale wieder zu erneuern (etwa im Sinne von Investitionsauszahlungen). Der Erfolg sowie die Liquidität können dabei als sogenannte operative Führungsgrößen bezeichnet werden, die mit der strategischen Führungsgröße der Erfolgspotentiale in einem sich gegenseitig bedingenden Wirkungskreislauf stehen.

Controlling hat in diesem Zusammenhang und im Sinne der Wertschöpfung für das ständige Anstoßen und in Gang halten dieses Kreislaufes zu sorgen. Die hiermit verbundenen Aufgaben werden gemeinhin unter die sogenannte Lokomotionsfunktion subsumiert (Abb. 1.4).

Die Erfüllung dieser Lokomotionsfunktion ist an zwei Voraussetzungen geknüpft: Zum einen ist eine annähernd durchgängige Abstimmung sämtlicher Führungsaktivitäten im Managementzyklus auf das Erreichen der angestrebten betrieblichen Wertschöpfungszwecke erforderlich. Zum anderen müssen diejenigen Informationen, die für das Erreichen der Wertschöpfungszwecke benötigt werden, möglichst allen relevanten Informationsempfängern zur Verfügung stehen. Die Sicherung dieser Voraussetzungen ist der Gegenstand der derivativen Funktionen des Controlling (Abstimmungs- und Informationsfunktion).

Aus der originären sowie den derivativen Funktionen des Controlling ergeben sich wiederum eine Vielzahl konkreter Aufgaben. Diese Aufgaben werden aus institutioneller Sicht von verschiedenen Aufgabenträgern übernommen. Zu den wichtigsten Aufgabenträgern des Controlling zählen die Manager sowie die Controller selbst. Um ihre Aufgaben zu erfüllen, greifen diese Aufgabenträger auf unterschiedliche Instrumente zurück. Im Rahmen der Aufrechterhaltung des Wertschöpfungskreislaufes und insbesondere für

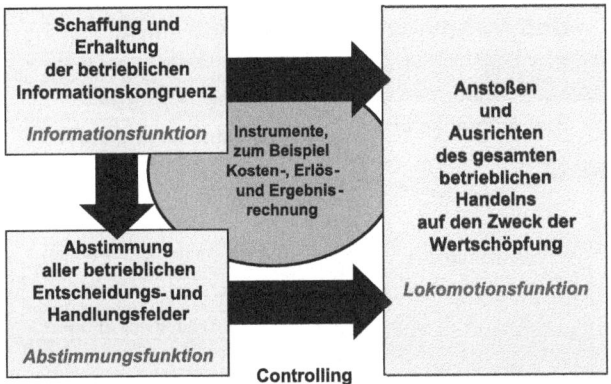

Abb. 1.4 Die Controlling-Funktionen

eine bedarfsgerechte Informationsversorgung stehen in der betrieblichen Praxis Instrumente des Finanz- und Rechnungswesens im Zentrum der Betrachtung.

1.4 Das Finanz- und Rechnungswesen

Das betriebliche Finanz- und Rechnungswesen ist ein spezielles Informationssystem von Betrieben, das vorwiegend der mengen- und wertmäßigen Abbildung von ökonomisch relevanten Daten dient. Gemäß dem oben beschriebenen Kreislauf können als ökonomisch relevante Daten vor allem Daten über Erfolgspotentiale, Erfolg sowie Liquidität des Unternehmens bezeichnet werden.

Während der Erfolg eines Unternehmens durch den Verzehr bzw. die Schaffung von Realgütern (z. B. Materialien oder Produkte) bestimmt wird, entscheidet das Verhältnis von Nominalgütern (z. B. Geld) über die Liquidität eines Unternehmens. So wird im Finanz- und Rechnungswesen auch der Austausch sowohl von Nominal- als auch von Realgütern, die beide Gegenstand des unternehmerischen Handelns sind, abgebildet.

Tauschbeziehungen zwischen dem Unternehmen, Lieferanten und Kunden finden sowohl auf der Real- als auch auf der Nominalgütersphäre statt. Sowohl der Beschaffung von (realen) Einsatzgütern auf dem Beschaffungsmarkt, also auch dem Absatz von intern hergestellten Leistungen (Realgütersphäre) stehen Entgeltleistungen (Nominalgütersphäre) gegenüber. Tauschbeziehungen zwischen dem Unternehmen und Finanzmärkten oder dem Staat finden demgegenüber, da hier keine realen Gegenwerte getauscht oder verarbeitet werden, nur in der Nominalgütersphäre statt (Abb. 1.5).

Im Finanz- und Rechnungswesen werden dabei zeitpunkt- und zeitraumbezogene Daten über vergangene, gegenwärtige und zukünftige Tatbestände und Vorgänge über entsprechende Realgüter- sowie Nominalgüterbewegungen verarbeitet. Hierzu dienen wiederkehrende Grundrechnungen sowie fallweise durchgeführte Sonderrechnungen.

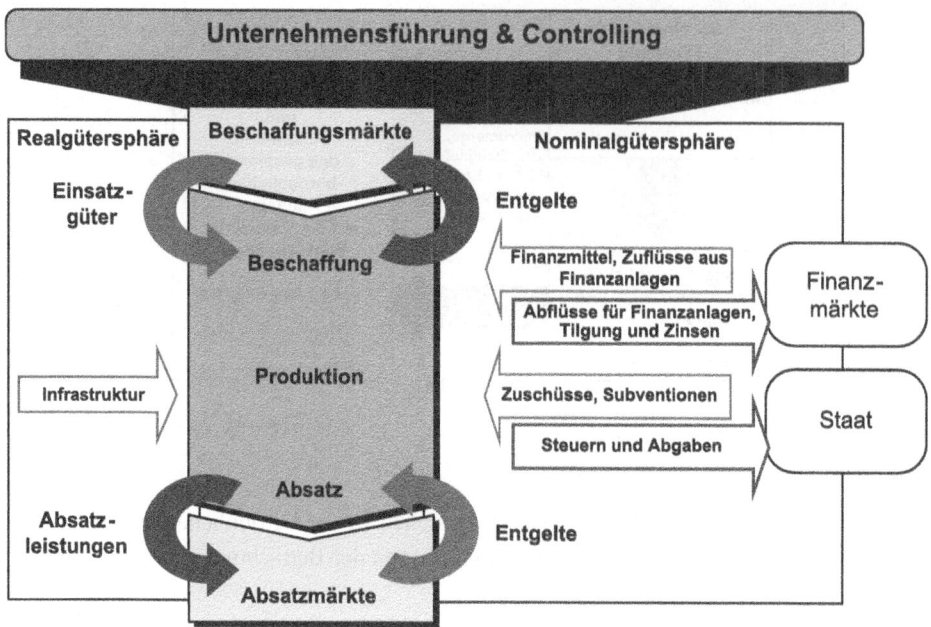

Abb. 1.5 Nominal- und Realgütersphäre

Aufgrund der Vielzahl unterschiedlicher Interessensträger eines Unternehmens, können die durch das Finanz- und Rechnungswesen ermittelten, gespeicherten, aufbereiteten und weitergegebenen finanz- und erfolgswirtschaftlich relevanten Daten ebenfalls einer Vielzahl unterschiedlicher Interessensträger nützlich sein. Insbesondere aufgrund der unterschiedlichen Interessensträger unterscheidet man im Finanz- und Rechnungswesen zwischen externen und internen Informationsempfängern. Getrennt nach externen und internen Informationsempfängern kann dabei entsprechend zwischen einem externen Rechnungswesen, welches vornehmlich Informationen nach Anforderungen externer Informationsempfänger aufbereitet, und einem internen Rechnungswesen unterschieden werden.

Als betriebsexterne Informationsempfänger können dabei Eigentümer, Lieferanten, Kunden, Konkurrenten, Gläubiger, Arbeitnehmer, Fiskus oder die Gesellschaft als Ganzes gelten. So können beispielsweise Gläubiger mittels Informationen des Rechnungswesens darüber informiert werden, wie risikobehaftet die Tilgung des ausgegebenen Kredits ist. Finanzbehörden wiederum können mittels Daten des Rechnungswesens ableiten, wie hoch die vom Unternehmen zu entrichtenden Steuern sein müssen. Da die Informationen des externen Rechnungswesens zumeist der Wertschöpfungsverwendung dienen und einen Abfluss von Mitteln aus dem Unternehmen bedeuten, sind die Informationspflichten des externen Rechnungswesens zumeist rechtlich fixiert.

Management und Controlling, als interne Informationsempfänger, benötigen die Informationen des Rechnungswesens hauptsächlich zur Fundierung von Gestaltungs- und

Abb. 1.6 Einordnung der Kosten-, Erlös- und Ergebnisrechnung in das Finanz- und Rechnungswesen

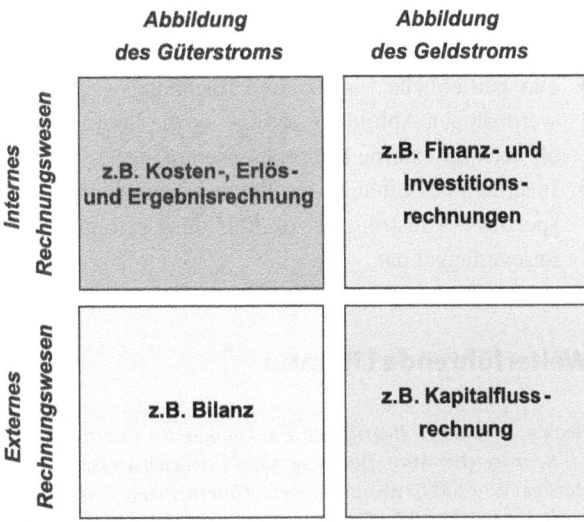

Lenkungsentscheidungen im Rahmen ihrer Hauptaufgabe, der langfristigen Existenzsicherung des Unternehmens. Die Informationen des internen Rechnungswesens sind dem Grunde nach freiwillig zu erheben und unterliegen keiner rechtlichen Fixierung.

Um ihre Aufgabe bedarfsgerecht erfüllen zu können, bedient sich das Finanz- und Rechnungswesen verschiedener Instrumente. Diese Instrumente lassen sich dabei nach den Dimensionen des abzubildenden Güterstroms (Real- oder Nominal) sowie den jeweiligen Adressaten (Extern oder Intern) einordnen (vgl. Abb. 1.6). Die Kosten-, Leistungs- und Ergebnisrechnung, als zentrales Betrachtungsobjekt der weiteren Ausführungen, ist in diesem Zusammenhang als Instrument zu charakterisieren, welches hauptsächlich realgüterstromorientierte Informationen für interne Informationsempfänger liefert.

1.5 Zusammenfassung

- Private Unternehmen dienen, im Gegensatz zu gemeinwirtschaftlichen Betrieben, den individuellen Interessen verschiedener Interessensträger.
- Diese Interessen werden dadurch befriedigt, indem das Unternehmen Wertschöpfung betreibt.
- Die Erzielung von Wertschöpfung bedarf des Anstoßes, der Aufrechterhaltung sowie der Abstimmung der Führungsgrößen Liquidität, Erfolg und Erfolgspotential.
- Das Controlling, als wertschöpfungsorientiertes Führungsinstrument, dient dabei entsprechend dem Anstoßen, der Aufrechterhaltung sowie der Abstimmung des Wertschöpfungskreislaufes aus Liquidität, Erfolg und Erfolgspotential (Lokomotionsfunktion).
- Diese Lokomotionsfunktion bedarf wiederum der derivativen Funktionen der Abstimmung sowie Informationsversorgung.

- Ein zentrales Instrument zur Erfüllung dieser vom Controlling zu erfüllenden Funktionen stellt dabei das sogenannte Finanz- und Rechnungswesen dar.
- Das betriebliche Finanz- und Rechnungswesen dient vorwiegend der mengen- und wertmäßigen Abbildung erfolgs- sowie liquiditätsrelevanter Daten sowohl für interne als auch für externe Informationsempfänger.
- Innerhalb des Finanz- und Rechnungswesen stellt die Kostenrechnung wiederum ein spezifisches Instrument zur Abbildung erfolgsrelevanter Daten für interne Informationsempfänger dar.

Weiterführende Literatur

Becker, W. (1999). *Begriff und Funktionen des Controlling. In Bamberger Betriebswirtschaftliche Beiträge* (Bd. 106). Bamberg: Otto-Friedrich-Univ.

Becker, W. (2000) *Wertorientierte Unternehmensführung. In Bamberger Betriebswirtschaftliche Beiträge* (Bd. 125). Bamberg: Otto-Friedrich-Univ.

Becker, W., & Baltzer B. (2010). *Die wertschöpfungsorientierte Controlling-Konzeption. In Bamberger Betriebswirtschaftliche Beiträge.* (Bd. 172). Bamberg: Otto-Friedrich-Univ.

Becker, W., Baltzer B., & Ulrich, P. (2014). *Wertschöpfungsorientiertes Controlling – Konzeption und Umsetzung.* Stuttgart. (2013): Kohlhammer-Verlag.

Gälweiler, A. (2005). *Strategische Unternehmensführung* (3. Aufl.). Frankfurt a. M.: Campus Verlag GmbH.

Hummel, S., & Männel, W. (1986). *Kostenrechnung 1: Grundlagen, Aufbau und Anwendung* (4. Aufl.). Wiesbaden: Gabler Verlag.

Weber, J., & Schäffer, U. (2014). *Einführung in das Controlling* (14. Aufl.). Stuttgart: Schäffer-Poeschel.

Grundtatbestände der Kostenrechnung 2

Im vorhergehenden Kapitel wurde die Kostenrechnung als ein Instrument des internen Rechnungswesens eingeordnet. Dabei beschäftigt sich die Kostenrechnung insbesondere mit der Abbildung der Erfolgssphäre und folglich mit den Realgüterströmen eines Unternehmens. In der Folge sollen nun, neben dem Kostenbegriff und dessen Abgrenzung zum Aufwandsbegriff (Abschn. 2.1), den Rechenzwecken und Wesensmerkmalen der Kostenrechnung (Abschn. 2.2), insbesondere die wesentlichen theoretischen Grundlagen der Kostenrechnung (Abschn. 2.4) sowie deren Teilgebiete (Abschn. 2.6) vorgestellt werden.

2.1 Kostenbegriff und Abgrenzung bedeutsamer Rechengrößen

Der allgemeine Kostenbegriff definiert jeglichen bewerteten, leistungsbezogenen Güterverzehr als Kosten. Kosten enthalten demzufolge grundsätzlich sowohl eine Mengen- als auch eine Wertkomponente, die multiplikativ miteinander verknüpft sind. Dieser allgemeine Kostenbegriff lässt sich in Abhängigkeit von den jeweiligen Merkmalsausprägungen sowohl modifizieren (z. B. in den wertmäßigen und den pagatorischen Kostenbegriff) als auch spezifizieren (z. B. zum entscheidungsorientierten Kostenbegriff).

Das Verständnis der konzeptionellen Grundstruktur der Kostenrechnung setzt voraus, die im Rahmen der betriebswirtschaftlichen Kostentheorie abgeleiteten Kostenbegriffe, Kostenabhängigkeiten und Kostenkategorien zu kennen. Hierzu dient zunächst eine Abgrenzung der Begriffe Ein- und Auszahlung, Einnahme und Ausgabe, Ertrag und Aufwand sowie Erlöse und Kosten.

Auszahlungen vermindern den Bestand an Bar- und Buchgeld eines Unternehmens. Sie entstehen durch die Übertragung von Zahlungsmitteln, beispielsweise durch die Bezahlung einer Rechnung. Zahlungsmittel umfassen in Unternehmen den Kassenbestand sowie das frei verfügbare Bankguthaben. Den Auszahlungen stehen grundsätzlich

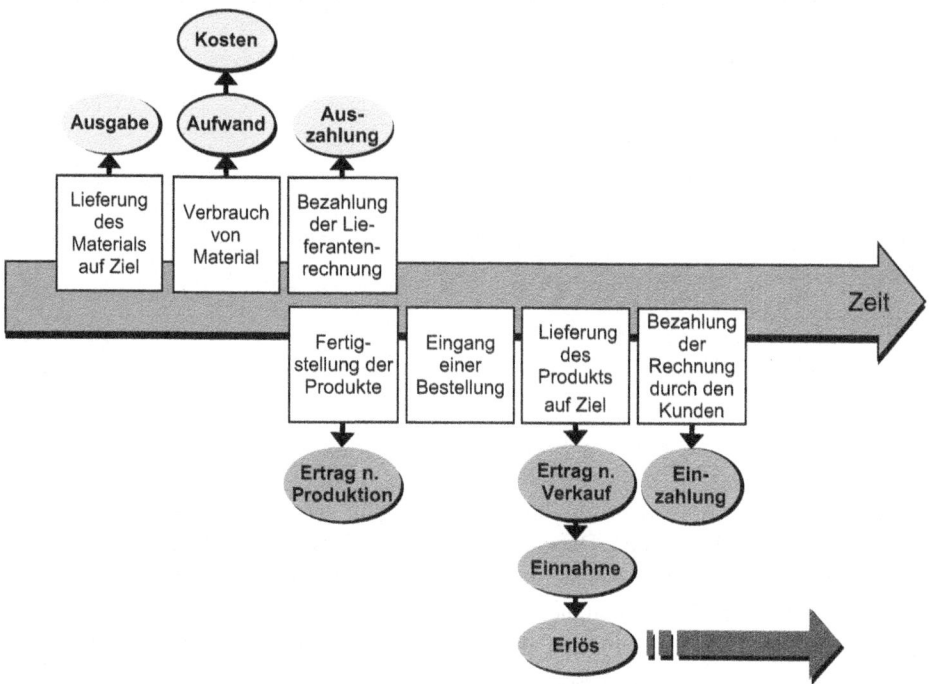

Abb. 2.1 Die Begriffe Auszahlung, Ausgabe, Aufwand und Kosten

Einzahlungen gegenüber. Durch die permanente Dokumentation von Ein- und Auszahlungen und deren Verrechnung mit dem Bestand und den Reserven an liquiden Mitteln lässt sich jederzeit die Liquidität eines Unternehmens bestimmen. Instrumente des Finanz- und Rechnungswesens, die auf die Rechengrößen Auszahlung bzw. Einzahlung zurückgreifen, sind beispielsweise die Kapitalflussrechnung sowie die Finanz- und Investitionsrechnung (vgl. Abb. 1.6).

Ausgaben sind das monetäre Äquivalent aller innerhalb einer Periode zugegangenen Realgüter. Ausgaben entstehen somit schon in dem Zeitpunkt, in dem das Unternehmen Material auf Ziel angeliefert bekommt. *Einnahmen* sind dementsprechend das monetäre Äquivalent der abgegangenen Realgüter. So kann der Zugang von Waren, die erst zu einem späteren Zeitpunkt bezahlt werden müssen, eine Ausgabe darstellen, jedoch gleichzeitig noch zu keiner Auszahlung geführt haben (vgl. Abb. 2.1). Gemeinsam ist den beiden Begriffspaaren Ausgaben/Einnahmen sowie Auszahlungen/Einzahlungen, dass sie prinzipiell den finanzwirtschaftlichen Größen zuzurechnen sind und folglich den Nominal- oder Geldstrom eines Unternehmens abbilden.

In Abgrenzung zu diesen finanzwirtschaftlichen und damit den Geldstrom abbildenden Rechengrößen, dienen die Rechengrößen Aufwand und Kosten dazu, den realen Wertverzehr abzubilden. So ist es beispielsweise möglich, dass ein Gut, wie etwa eine Maschine, im Zeitverlauf an realem Wert verliert, ohne dass es dabei zu gleichzeitig

2.1 Kostenbegriff und Abgrenzung bedeutsamer Rechengrößen

stattfindenden Auszahlungen gekommen sein muss. *Aufwendungen* beschreiben dabei insbesondere den Wertverzehr, wie er vom Rechnungswesen in der zur Buchhaltung zählenden Aufwandsrechnung, also für externe Informationsempfänger, erfasst wird. *Kosten* wiederum, können in Abgrenzung zum Aufwandsbegriff, als derjenige Wertverzehr betrachtet werden, wie er im Zuge des internen Rechnungswesens erfasst wird.

Definiert man Erfolg vereinfachend als die Differenz von Wertentstehung und Wertverzehr, so lässt sich dieser, durch die Abgrenzung von Aufwand und Kosten, auf zweierlei Weisen ermitteln. Zur Abbildung externer Zwecke dient die Verrechnung von Aufwendungen und Erträgen, während der Erfolg für interne Zwecke aus Kosten und Erlösen abgeleitet wird.

Da sowohl der Kosten- als auch der Aufwandsbegriff zur Ermittlung des Erfolgs herangezogen werden können, stehen diese Begriffe bzw. auch deren Ermittlung in engem Zusammenhang. Um diesen Zusammenhang aufzuzeigen, sind die jeweiligen Begriffe weiter zu spezifizieren.

Der Begriff des Aufwands umfasst dabei sowohl wertschöpfungsneutralen als auch einen sogenannten Zweckaufwand. Wertschöpfungsneutral ist Aufwand, …:

- … welcher in keinem Zusammenhang zur betrieblichen Leistungserstellung steht,
- … welcher außerordentlichen Charakter trägt und/oder
- … welcher einer fremden Periode zuzurechnen ist.

Der im Gegensatz dazu stehende betriebszweckbezogene, ordentliche und periodenrichtige Güterverzehr wird als Zweckaufwand bezeichnet. Trägt Aufwand einen wertschöpfungsneutralen Charakter, so ist dieser nicht in die Kostenrechnung zu überführen, da sich die Interessen interner Informationsempfänger an einer möglichst realitätsgetreuen Abbildung der Wertschöpfung orientieren. Betriebsfremde Aufwendungen fallen völlig unabhängig vom Betriebszweck an und gehen deshalb beispielsweise auch nicht in Produktkalkulationen ein. Periodenfremde Aufwendungen wurden von Aktivitäten vorausgehender oder folgender Perioden ausgelöst und sind deswegen auch nicht geeignet, den Erfolg einer laufenden Periode zu ermitteln. Außerordentliche Aufwendungen stehen zwar mit dem Betriebszweck in Zusammenhang, würden aber wegen ihrer außergewöhnlichen Höhe die Aussagefähigkeit der Erfolgsrechnung beeinträchtigen und werden deshalb nicht in die Kostenrechnung einbezogen.

Da sich interne Entscheidungsinteressen vornehmlich am Betriebszweck orientieren, werden *Kosten*, im Gegensatz zum Aufwand, nur aus einem Teil der weitgehend gesetzlich determinierten Aufwendungen abgeleitet. Mit dem wertmäßigen Kostenbegriff werden Kosten als bewerteter, leistungserstellungsbedingter Güterverzehr bezeichnet. Da der neutrale Aufwand für interne Entscheidungszwecke weitestgehend bedeutungslos erscheint, wird dieser in der Kostenrechnung nicht abgebildet. Der Zweckaufwand hingegen wird teilweise vollständig identisch in den Kosten abgebildet. Dieser aufwandsgleiche Teil der Gesamtkosten wird Grundkosten genannt. Diese Grundkosten müssen also, um für die internen Entscheidungszwecke Relevanz zu beanspruchen, nicht für die Kostenrechnung angepasst werden. Dahinter stehen beispielsweise sämtliche Material-, Personal- und Energieverbräuche.

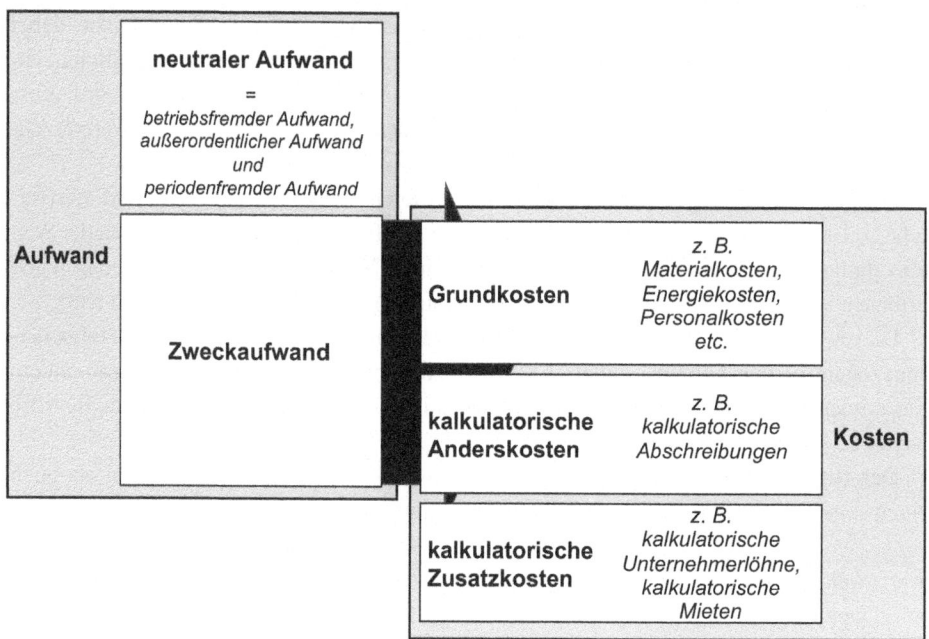

Abb. 2.2 Aufwand und Kosten im Zusammenhang

Zur Berücksichtigung des Rechenzweckes der Kostenrechnung (z. B. Kalkulation von Produkten) gibt es allerdings innerhalb der Kostenrechnung auch Positionen, die nicht vollständig identisch aus der Aufwandsrechnung übernommen werden können. Diese auch als kalkulatorische Kosten zu bezeichnenden Positionen lassen sich in Anders- und Zusatzkosten differenzieren. *Anderskosten* sind Kosten einer Periode, die dem Grunde nach Aufwand sind, jedoch anders bewertet werden. Kalkulatorische Abschreibungen bilden ein typisches Beispiel für solche Anderskosten. Während handelsrechtliche Grundsätze eine Abschreibung auf den Anschaffungswert vorschreiben, kann in der Kostenrechnung auch ein anderer Ausgangswert herangezogen werden. Dies kann – etwa im Sinne einer anzustrebenden Substanzerhaltung – beispielsweise der Ersatzbeschaffungszeitwert eines Vermögensgegenstandes sein.

Kosten einer Periode, die sich hingegen nicht aus dem Aufwand ableiten lassen, werden als *Zusatzkosten* bezeichnet. Zusatzkosten bilden dabei jenen Wertverzehr ab, der in keiner Weise durch die Vorgaben des externen Rechnungswesens abgebildet wird. Beispielsweise ist es im externen Rechnungswesen verboten, den tatsächlich anfallenden Wertverzehr für die Nutzung im Eigenbesitz befindlicher Büroräume zu bilanzieren. In der Kostenrechnung allerdings ist es Ziel, den tatsächlichen Wertverzehr abzubilden und folglich einen Posten zu bilden, der nicht aus dem Aufwand abgeleitet werden kann. Für die Nutzung der Büroräume wird folglich eine „fiktive" kalkulatorische Miete angesetzt (Abb. 2.2).

2.1 Kostenbegriff und Abgrenzung bedeutsamer Rechengrößen

Zu den kalkulatorischen Zusatzkosten zählen neben der soeben angesprochenen kalkulatorischen Miete ferner beispielsweise der kalkulatorische Unternehmerlohn, die kalkulatorischen Zinsen auf das im Unternehmen gebundene Eigenkapital oder die kalkulatorischen Wagnisse eines Unternehmens. Zusatzkosten haben dabei den Charakter von Opportunitätskosten. Ihre Bestimmung ist in der Regel nicht ohne Willkür möglich. Daher lehnen einige Kostenrechnungssysteme das Rechnen mit dieser auszahlungslosen Kostenkategorie ab.

Erlöse sind die kostenrechnerische Entsprechung der Erträge, wobei in der Unternehmenspraxis die Erträge zumeist unverändert als Erlöse übernommen werden.

Beispielaufgabe 2-1:

Geben Sie für die nachfolgend genannten kostenrechnerischen Sachverhalte an, ob es sich um *Grundkosten, Anderskosten* oder *Zusatzkosten* handelt!

Sachverhalt:	Lösung:
Von den Stadtwerken geht die monatliche Rechnung für den Stromverbrauch der Produktionsanlagen ein.	
Abweichend von den degressiven Abschreibungen der Finanzbuchhaltung werden in der Kostenrechnung lineare Abschreibungen für den Wertverzehr der Produktionsanlagen angesetzt.	
Der geschäftsführende Eigentümer einer Personengesellschaft lässt sich seinen monatlichen Unternehmerlohn auszahlen.	
Die Fertigungsmitarbeiter erhalten am Monatsletzten ihren Lohn.	

Lösung: Grundkosten, Anderskosten, Zusatzkosten, Grundkosten

> **Beispielaufgabe 2-2:**
>
> Geben Sie in der folgenden Tabelle an, ob es sich bei den genannten Sachverhalten
> um *Auszahlungen, Aufwendungen* oder *Kosten* handelt!
>
> | Sachverhalt: | Lösung: |
> |---|---|
> | Zum Monatsersten werden die kalkulatorischen Abschreibungen auf der Kostenstelle „Montage" verbucht. | |
> | Die Finanzabteilung muss Abschreibungen auf gehaltene Wertpapiere vornehmen, da deren Kurs gefallen ist. | |
> | Die Fahrrad GmbH überweist den Rechnungsbetrag für gekaufte und bereits angelieferte Rohstoffe. | |

Lösung: Kosten, Aufwendungen, Auszahlung

2.2 Wesensmerkmale der Kostenrechnung

Unter Berücksichtigung des wertmäßig definierten Kostenbegriffs können Wesensmerkmale festgestellt werden, die klare Unterschiede zwischen Kosten- und Aufwandsrechnung deutlich machen. Aufgrund der internen Ausrichtung der Kostenrechnung kann diese als eine freiwillig aufgestellte und insofern *rechtlich nicht normierte Rechnung* verstanden werden. Die Aufwandsrechnung ist hingegen fest an die Vorschriften des Handelsgesetzbuches (HGB) gebunden.

Wie bei der Betrachtung der Rechengrößen und der Herleitung des Kostenbegriffs bereits ersichtlich wurde, beinhaltet die Kostenrechnung darüber hinaus *kalkulatorische Bestandteile*. Diese führen im Wesentlichen dazu, dass sich die in internen und externen Erfolgsrechnungen ermittelten Ergebnisse in ihrer Höhe unterscheiden (können).

Ebenfalls wird deutlich, dass die Kostenrechnung, in Abgrenzung zur Aufwandsrechnung, dem *internen Zweck von Unternehmensführung und Controlling* dient. Ein weiteres Wesensmerkmal der Kostenrechnung ist, aufgrund der Abbildung erfolgsrelevanter ökonomischer Daten, deren *kurzfristiger Charakter*, wodurch sie sich vor allem von den dynamischen Methoden der Investitionsrechnung unterscheidet. Die Betrachtung in der

Kostenrechnung beschränkt sich auf ein konkretes, abgeschlossenes Wirtschaftsjahr. Schließlich ist die Kostenrechnung *eine dem betrieblichen Handeln vorauslaufende, eine dieses Handeln begleitende und/oder eine dem Handeln hinterherlaufende Rechnung*, mit deren Hilfe folglich Vor- und Nachkalkulationen sowie mitlaufende Kalkulationen durchgeführt werden können.

Das Wesensmerkmal der *Erfolgsorientierung* der Kostenrechnung zeigt ferner die Notwendigkeit der zusätzlichen Aufstellung einer Erlös- und Ergebnisrechnung, die den Anwender in die Lage versetzen, erfolgsorientierte Entscheidungen zu fundieren und zu treffen.

2.3 Rechenzwecke der Kostenrechnung

Im Zusammenhang mit dem Wesensmerkmal der Ausrichtung der Kostenrechnung auf interne Informationszwecke lassen sich verschiedene Rechenzwecke ableiten. Als Rechenzweck wird dabei derjenige Zweck umschrieben, für den die Unternehmensführung bzw. das Controlling die Informationen aus der Kosten- und Erlösrechnung benötigt.

In den Anfängen der Kostenrechnung diente die Kostenrechnung vorrangig dazu, die Vorgänge in einem Unternehmen abzubilden und Produkte zu kalkulieren. Die Kalkulation ist als der wichtigste traditionelle Rechenzweck zu betrachten und versorgt interne Informationsempfänger mit Informationen über die gesamten Kosten die für die Herstellung eines oder aller Produkte im Unternehmen angefallen sind. Diese Kostenkalkulation kann dann beispielsweise als Basis für kostendeckende Preise fungieren.

Ebenfalls frühzeitig lenkte *Eugen Schmalenbach* die Aufmerksamkeit auf die hohe Bedeutung der Kostenrechnung, einen Beitrag zur differenzierten Planung, Ermittlung, Steuerung und Kontrolle des Erfolgs zu leisten. Aufgrund eines gesamtökonomischen Wandels innerhalb des letzten Jahrhunderts hin zu einem sogenannten Nachfragermarkt, reichte es nicht mehr aus, allein die Kosten eines Produktes zu kalkulieren und diese Kosten inklusive eines Gewinnaufschlags auf den Endverbraucher weiterzuwälzen. Wegen der gestiegenen Marktmacht der Nachfrage wurde es notwendig Preise auf Basis der Preisbereitschaft der Kunden zu kalkulieren. Um entsprechend die Kosten an die Preisbereitschaft der Kunden anzupassen, wurde es in der Folge zwangsläufig relevant Einflussfaktoren der Kostenhöhe zu identifizieren. Ein dafür erforderliches Entscheidungsmodell entstand in den 50er Jahren. Auf Basis der Produktionstheorie entwickelte *Erich Gutenberg* eine Kostentheorie, die die Entstehungsursachen von Kosten nachvollziehbar werden ließ.

Durch das von *Wolfgang Kilger* entwickelte Instrument der Plankostenrechnung war es dann zudem möglich, den weiterführenden Rechenzweck der Überwachung der Wirtschaftlichkeit zu bedienen. Dieser Zweck basiert auf der Idee – ausgehend von vorgegebenen Plankosten – Abweichungen zwischen Soll- und Istkosten zu analysieren, die auf Unwirtschaftlichkeiten im Handlungsgefüge hinweisen (vgl. hierzu insbesondere Kap. 6).

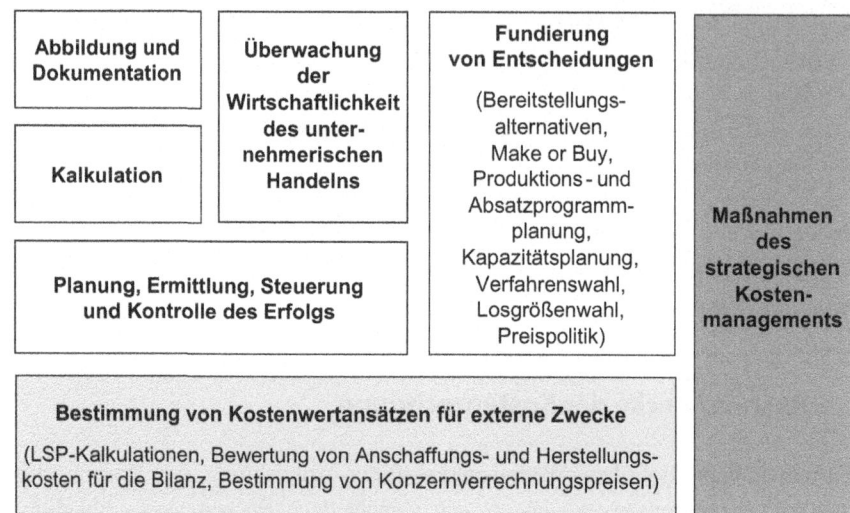

Abb. 2.3 Rechenzwecke der Kostenrechnung

Ein weiterer Rechenzweck resultiert aus der Möglichkeit, erfolgswirtschaftliche Informationen zu nutzen, um Entscheidungen unterschiedlichster Art (zum Beispiel die Wahl zwischen Eigen- und Fremdleistungen, die Planung des Produktions- und Absatzprogramms, die Kapazitätsplanung oder die Losgrößenplanung) zu fundieren (Abb. 2.3).

In den letzten Jahren ist ein stärker strategisch orientierter Rechenzweck hinzugekommen, nämlich das Bestreben, Kostenmanagement, verstanden als Bestandteil der Unternehmenspolitik, und Verhaltensbeeinflussung mit Hilfe kostenrechnerischer Informationen zu betreiben. Im Zuge der Verhaltensbeeinflussung soll die Kostenrechnung vornehmlich Könnens- und Wollensdefizite betrieblicher Entscheidungsträger kompensieren (vgl. Abschn. 8).

Abschließend sei noch auf das Erfordernis verwiesen, Kostenwertansätze auch für unternehmensextern vorgegebene Zwecke zu finden. Dieser Rechenzweck führt nicht selten zu recht schwierigen Abgrenzungsproblemen zwischen externen und internen Rechenkreisen.

2.4 Bedeutsame Begriffsdifferenzierungen von Kosten

Für ein Verständnis der Funktionsweise der Kostenrechnung und für den zweckgebundenen Einsatz von kostenrechnerischen Informationen ist es notwendig, den noch allgemeinen Begriff der Kostenrechnung weiter zu spezifizieren. Insbesondere lässt sich unter den Kostenbegriff eine Vielzahl derivativer Kostenbegriffe subsumieren, die in der Folge kurz beschrieben werden sollen.

2.4 Bedeutsame Begriffsdifferenzierungen von Kosten

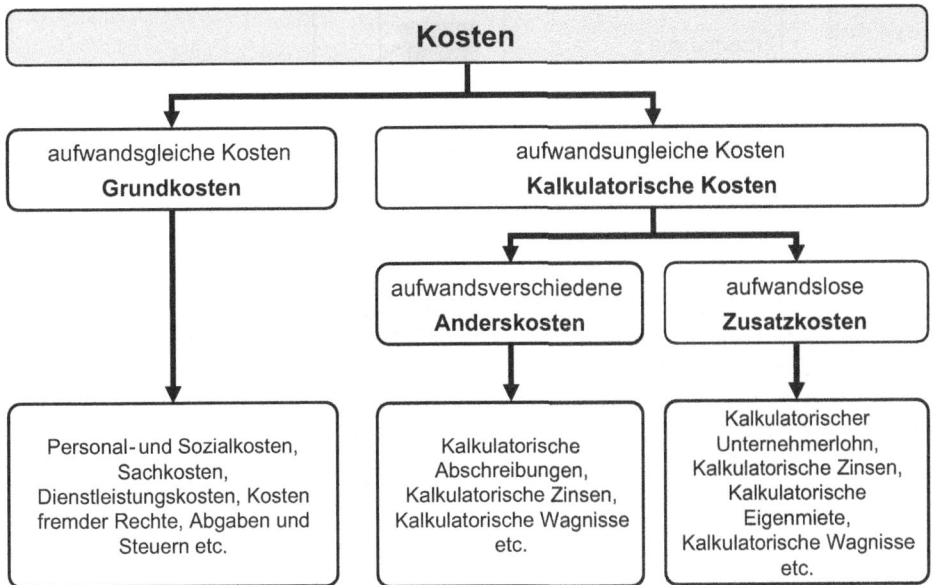

Abb. 2.4 Kostendifferenzierung nach Aufwandsgleichheit

Kosten lassen sich z. B. nach ihrem Zusammenhang mit Aufwendungen in *aufwandsgleiche* und *aufwandsungleiche (kalkulatorische) Kosten* unterscheiden (Abb. 2.4). Dies wurde bereits zuvor im Zusammenhang mit der Ableitung des wertmäßigen Kostenbegriffs aufgezeigt. In Verbindung mit Auszahlungen werden *auszahlungswirksame* und *nicht auszahlungswirksame Kosten* unterschieden.

Bezüglich ihres Zeitbezuges spricht man von *Istkosten* und *Plankosten*. Während Ist-Kosten sich aus den effektiv angefallenen Kosten, die sich aus der Multiplikation der tatsächlichen Istverbrauchsmengen mit den Istpreisen (oder mit Festpreisen) ergeben, stellen Plankosten diejenigen Kosten dar, die für zukünftige Abrechnungsperioden erwartet bzw. angestrebt werden. Plankosten resultieren folglich aus der Multiplikation von Planverbrauchsmengen mit Planpreisen.

Durch die Betrachtung der Herkunft der Einsatzgüter werden *primäre Kosten* und *sekundäre Kosten* unterschieden. Dies ist eine, vor allem aus Sicht der Verrechnungstechnik, bedeutsame Differenzierung (vgl. Abschn. 4.2). Kosten lassen sich darüber hinaus nach ihrer Bedeutung für Entscheidungen in *entscheidungsrelevante Kosten* und *entscheidungsirrelevante Kosten* differenzieren. Entscheidungsrelevante Kosten sind dabei solche Kosten, welche durch eine bestimmte (kurz- oder langfristige) Entscheidung verursacht werden und faktisch nicht anfallen würden, wäre die entsprechende Entscheidung nicht getroffen worden. Insbesondere vor dem Hintergrund des entscheidungsunterstützenden Rechenzwecks erscheint eine solche Differenzierung besonders relevant.

Zudem können Kosten nach der *Art der verzehrten Güter* in Personal-, Sach-, Kapital- und sonstige Kosten differenziert werden. Im Rahmen einer solchen Differenzierung

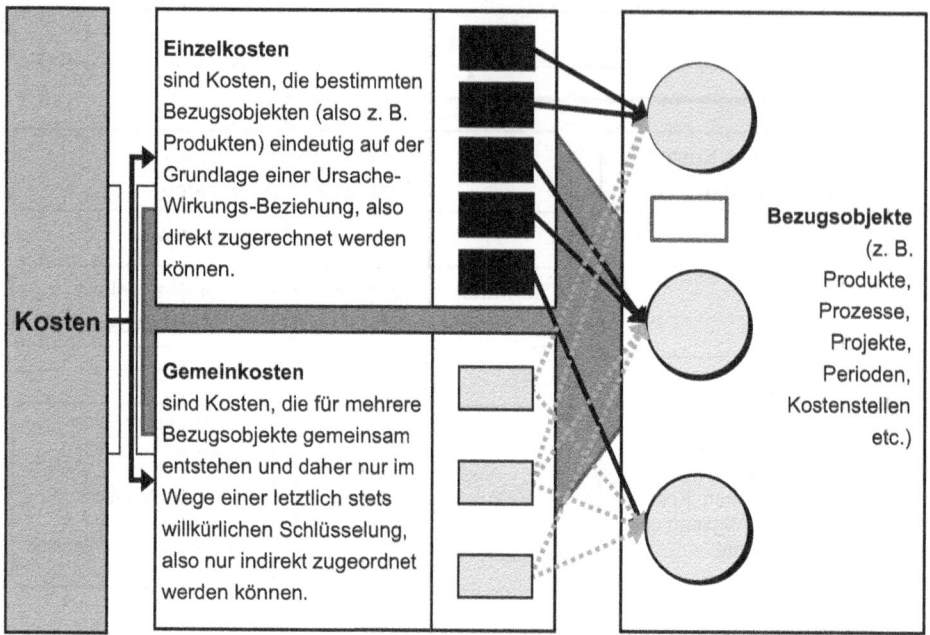

Abb. 2.5 Einzel- und Gemeinkosten

lassen sich Systeme zur Klassifizierung von Produktionsfaktoren zu Grunde legen. Diese Gliederung ist vor allem für eine nachvollziehbare Dokumentation und Abbildung der im Unternehmen entstehenden Kosten sinnvoll und stellt den Ausgangspunkt eines ausgewogenen und umfassenden Kostenartenplans dar, in dem Güterverzehre kostenrechnerisch erfasst werden (vgl. Kap. 3).

Nach ihrer Zurechenbarkeit auf Bezugsobjekte lassen sich Kosten ferner in *Einzelkosten* sowie in (echte und unechte) *Gemeinkosten* unterscheiden. Gemeinsam mit der Differenzierung in *variable* und *fixe Kosten*, stellt die Differenzierung gemäß der Zurechenbarkeit die wesentlichste Unterscheidungsform des Kostenbegriffs im Rahmen der Entscheidungsfundierung dar. Da der zentrale Zweck der Kostenrechnung vornehmlich in eben jener Fundierung unternehmerischer Entscheidungen begründet liegt, sollen die Differenzierungsformen gemäß der Zurechenbarkeit (Abschn. 2.4.1) sowie der Abhängigkeit von Kosteneinflussgrößen (Abschn. 2.4.2) in der Folge spezifisch betrachtet werden.

2.4.1 Die Differenzierung von Kosten nach deren Zurechenbarkeit

Einzelkosten sind Kosten, die bestimmten Bezugsobjekten eindeutig und somit direkt zugerechnet werden können (vgl. Abb. 2.5). Zwischen dem Kostenanfall und dem Bezugsobjekt kann hierbei eine direkte Ursache-Wirkungs-Beziehung hergestellt werden. Bezugsobjekte sind traditionell die als Kostenträger bezeichneten Endprodukteinheiten.

2.4 Bedeutsame Begriffsdifferenzierungen von Kosten

Je nach Betrachtungsgegenstand können aber auch Produktgruppen, Projekte, Prozesse, Kostenstellen und Abrechnungsperioden kalkuliert werden, die dann als Bezugsobjekt angesehen werden. Ein Beispiel für Einzelkosten stellen etwa Materialkosten dar, die sich direkt für einen einzelnen Kunden bzw. Fertigungsauftrag erfassen und zurechnen lassen. Auch Sonderkosten können manchmal den einzelnen Aufträgen direkt zugerechnet werden. Solche Sonderkosten sind Sondereinzelkosten der Fertigung (Spezialmaschinen, Lizenzen, Patente etc.) oder Sondereinzelkosten des Vertriebs (Verpackung, Transportversicherung etc.).

Als Gemeinkosten werden Kosten bezeichnet, die für mehrere oder sogar sämtliche Bezugsobjekte gemeinsam entstehen und daher auch bei der Anwendung genauester Erfassungsmethoden auf einzelne Bezugsobjekte nur im Wege einer letztlich mehr oder weniger willkürlichen Schlüsselung indirekt verrechnet werden können. So kann beispielsweise das Gehalt des Vorstandsvorsitzenden eines Automobilherstellers nicht direkt den einzelnen produzierten Fahrzeugen zugeordnet werden und müsste über einen Verteilungsschlüssel auf die einzelnen Produkte verrechnet werden.

Die Differenzierung von Einzel- und Gemeinkosten ist auch der wesentliche Kristallisationspunkt hinsichtlich der Differenzierung zwischen einer voll- und einer teilkostenorientierten Kostenrechnung. Während die traditionelle Vollkostenrechnung versucht, alle Gemeinkosten auf die Bezugsobjekte (z. T. willkürlich) zu verrechnen, unterlässt eine Teilkostenrechnung diese Verrechnung komplett (vgl. Abschn. 2.5) und rechnet den Bezugsobjekten nur solche Kosten zu, die in einer nachvollziehbar kausalen Beziehung zu dem Bezugsobjekt stehen.

Prinzipien der Kostenzuordnung Die übergeordnete Leitidee der Kostenzuordnung besteht darin, die Beziehungen zwischen Bezugsobjekten und Kosten abzuleiten. Für eine solche Kostenzuordnung bedarf es methodischer Hilfen. Hierbei lassen sich zwei Grundprinzipien differenzieren, die sich aufgrund kostentheoretisch vertretbarer Tatsachen unterscheiden. Das Kausalprinzip sowie das Identitäts-, Marginal- oder Relevanzprinzip – also die *Prinzipien der Kostenzurechnung* – basieren auf einer tatsächlich vorhandenen Ursache-Wirkungs-Beziehung, auf deren Grundlage die Kosten tatsächlich exakt zugerechnet werden.

Das Relevanzprinzip umfasst in diesem Zusammenhang nur solche Kosten, die im Hinblick auf das Bezugsobjekt Entscheidungsrelevanz besitzen, während mit dem Identitätsprinzip nur solche Kosten einem Bezugsobjekt zugerechnet werden, die mit diesem Bezugsobjekt einen identischen, dispositiven Ursprung teilen. Das Marginalprinzip umfasst ferner solche Kosten, die nicht angefallen wären, wäre das Bezugsobjekt nicht existent.

Diesen theoretisch exakten Möglichkeiten der Kostenzuordnung stehen andere Prinzipien gegenüber, bei denen die Kosten nicht zugerechnet, sondern nur verteilt werden. Ist etwa aufgrund technischer oder logischer Beschränkungen bzw. aus Aufwandsgesichtspunkten eine realitätsnahe Verrechnung nicht möglich bzw. gewollt, können Kosten auch mittels eines Durchschnittsprinzips, also anhand von Gleichverteilungsgesichtspunkten, oder eines Tragfähigkeitsprinzips verrechnet werden. Das Tragfähigkeitsprinzip verrechnet dabei die Kosten proportional zur Leistungsfähigkeit einzelner Bezugsobjekte.

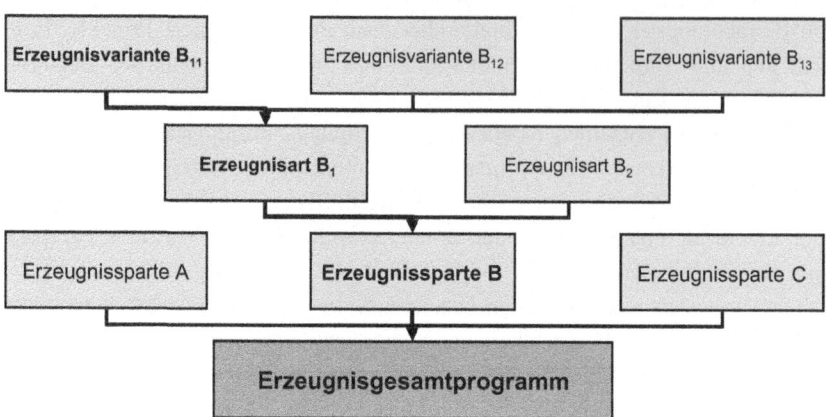

Abb. 2.6 Beispielhafte Bezugsobjekthierarchie

So können Kosten nach dem Tragfähigkeitsprinzip beispielsweise in Abhängigkeit der Umsatzstärke auf die einzelnen Produkte verteilt werden.

Kostenzuordnungsprobleme lassen sich grundsätzlich durch das Festlegen von Bezugsobjekthierarchien mildern (vgl. Abb. 2.6), in denen – wie dies *Paul Riebel* aufgezeigt hat – eine umfassende Relativierung der Begriffe Einzel- und Gemeinkosten erfolgen kann. In diesem Zusammenhang ist es möglich, die für Vollkostenrechnungssysteme typische Schlüsselung von Gemeinkosten auch vollständig zu vermeiden. Diese Erkenntnisse führten in den 50er Jahren zu der von *Paul Riebel* entwickelten Einzelerlös-, Einzelkosten- und Deckungsbeitragsrechnung, die im Rahmen der Erlös- und Ergebnisrechnung nochmals gesondert betrachtet wird (vgl. Abschn. 7.2). Sie gewährleistet, dass auf allen Ebenen einer Kostenrechnung kostentheoretisch präzise und folglich ohne willkürliche Schlüsselung gearbeitet werden kann.

2.4.2 Die Differenzierung von Kosten nach Kosteneinflussgrößen

Eine weitere, ebenfalls wesentliche Kostendifferenzierung erfolgt nach dem *Verhalten der Kosten bei Änderung einer Kosteneinflussgröße*. Kosteneinflussgrößen sind Bestimmungsfaktoren der Kostenhöhe eines Betriebes innerhalb eines definierten Zeitraums. In der Literatur sind verschiedene Kosteneinflussgrößen-Systeme entwickelt worden. *Erich Gutenberg* unterscheidet im Rahmen der Erarbeitung seiner Produktions- und Kostentheorie fünf Hauptkosteneinflussgrößen: Beschäftigung (Ausbringungsmenge), Faktorqualitäten, Faktorpreise, Unternehmensgröße und Produktionsprogramm.

Grundsätzlich lassen sich bei der Unterscheidung der Kosten nach ihrer Reaktion auf die Änderung einer Kosteneinflussgröße variable und fixe Kosten voneinander abgrenzen. Variable Kosten sind solche Kosten, deren Höhe sich bei Variation einer (bestimmten) Kosteneinflussgröße innerhalb eines bestimmten Intervalls ändert.

2.4 Bedeutsame Begriffsdifferenzierungen von Kosten

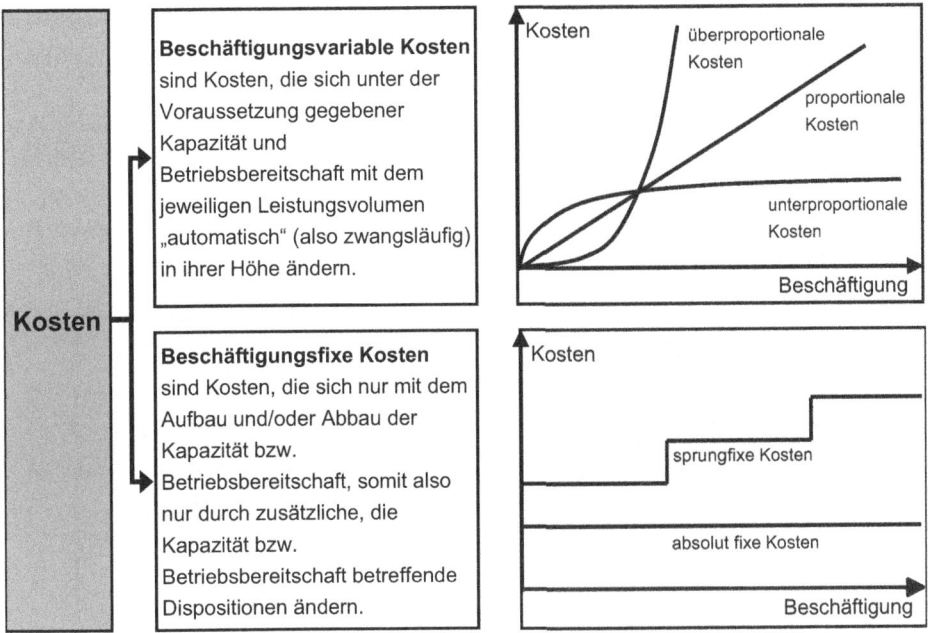

Abb. 2.7 Variable und fixe Kosten

Für die variablen Kosten sind proportionale, überproportionale und unterproportionale Kostenverläufe zu unterscheiden. Ändert sich die Höhe bei der Variation einer (bestimmten) Kosteneinflussgröße innerhalb eines angegebenen Intervalls nicht, liegen sogenannte fixe Kosten vor, die sich in sprungfixe und absolut fixe Kosten unterteilen lassen.

Zumeist werden variable und fixe Kosten in Abhängigkeit ihrer Veränderlichkeit mit der Beschäftigungsmenge definiert (vgl. Abb. 2.7). So beschreiben beschäftigungsvariable Kosten zumeist solche Kosten, die sich mit der Höhe des Leistungsvolumens automatisch ändern. Als Beispiel können hier Materialkosten genannt werden, die in Abhängigkeit der Produktionsmenge variieren. Beschäftigungsfixe Kosten sind wiederum Kosten, die sich in ihrer Höhe, unabhängig von Änderungen im Beschäftigungsniveau, nicht oder wenn, dann nur sprunghaft anpassen. So ist z. B. die Höhe der Kosten einer Produktionshalle unbeeinflusst davon, ob in dieser Produktionshalle 100 oder gar 100.000 Produktionseinheiten produziert werden.

Trotz dieser Unveränderlichkeit hinsichtlich etwaiger Schwankungen sind fixe Kosten jedoch nicht gänzlich als unbeeinflussbar zu charakterisieren. Vielmehr lassen sich auch beschäftigungsunabhängige Kosten mittel- bis langfristig durch Entscheidungen über den Aufbau oder Abbau der Kapazität in ihrer Höhe verändern. Beschäftigungsfixe Kosten verändern sich folglich nur mit dem Aus- und/oder Abbau der Kapazität – somit also nur aufgrund erwarteter längerfristiger Variationen des Leistungsvolumens über zusätzliche Dispositionen. Hinsichtlich dieser Beeinflussbarkeit von Fixkosten ist allerdings zu beachten, dass Fixkosten einem sachlichen Quantencharakter unterliegen und sich nur sprunghaft bzw. wenn ein bestimmtes Beschäftigungsintervall über- oder unterschritten wird, verändern lassen.

So liegt etwa die Kapazitätsgrenze der oben beschriebenen Produktionshalle bei 100.000 Produktionseinheiten. Soll allerdings die Ausbringungsmenge um 5.000 auf 105.000 Stück erweitert werden, so ist hierfür eine weitere Produktionshalle notwendig. Die Kosten steigen folglich mit der Anschaffung bzw. dem Bau der neuen Produktionshalle sprunghaft an.

Beispielaufgabe 2-3:

Geben Sie für die folgenden Sachverhalte an, wie sich diese bei einer Erhöhung der Beschäftigung im Unternehmen verhalten werden. Treffen Sie Ihre Einordnung so präzise wie möglich.

Sachverhalt:	Lösung:
Der Geschäftsführer des Unternehmens erhält einen einmaligen Gehaltsbonus, wenn die vereinbarte Absatzmenge übertroffen wird.	
Unser Rohstofflieferant gibt uns gestaffelte Mengenrabatte auf den Einkaufspreis der Rohstoffe.	
Aufgrund der steigenden Belastung der Maschinen sind in immer kürzeren Abständen Wartungsarbeiten notwendig.	
Der jährliche Mitgliedsbeitrag zum Bundesverband der Fahrradproduzenten beträgt 1500 €.	

Lösung: Sprungfix, Unterproportional, Überproportional , Absolut fix

Darüber hinaus unterliegen Fixkosten auch einem zeitlichen Quantencharakter, so dass sie sich nur in bestimmten zeitlichen Intervallen, nämlich in Abhängigkeit von den jeweiligen Bindungsdauern der ihnen zugrunde liegenden Potentiale sowie zudem nur zu bestimmten Terminen verändern lassen. Dies ist darauf zurückzuführen, dass die erforderliche Kapazitätsveränderung oftmals nur unter Einhaltung vorgegebener Kündigungsfristen möglich ist. Als Beispiele können hierfür Leasing- oder Arbeitsverträge genannt werden.

Methoden der Kostenspaltung Der Vorgang der Zerlegung der Kosten in die Kostenkategorien Einzel- und Gemeinkosten bzw. variable und fixe Kosten wird gemeinhin als Kostenspaltung bezeichnet. Ohne eine methodisch einwandfreie Kostenspaltung lassen sich sinnvolle, auf erfolgswirtschaftliche Konsequenzen des unternehmerischen Handelns gerichtete betriebswirtschaftliche Analysen nicht durchführen. Für die Kostenspaltung stehen grundsätzlich verschiedene Methoden zur Verfügung.

Hierzu zählen zunächst die mathematisch-statistischen Verfahren. Diese basieren auf empirischen Informationen über die Höhe der Gesamtkosten, die z. B. bei unterschiedlich großen Leistungsmengen angefallen sind. Ihre einfachste Variante ist die von *Schmalenbach* entwickelte „Methode des proportionalen Satzes". Ihr liegt die Vorstellung zugrunde, man könnte die Höhe der variablen Kosten pro Leistungseinheit einfach dadurch ermitteln, dass man die Gesamtkosten zweier verschiedener Beschäftigungsgrade voneinander abzieht und dann durch die Differenz der diesen Beschäftigungsgraden entsprechenden Leistungsmengen dividiert.

Demgegenüber gehen „statistische" Verfahren, wie etwa die „Methode der kleinsten Quadrate" (Regressionsanalyse) regelmäßig von einer größeren Anzahl von Beobachtungswerten (Gesamtkosten unterschiedlicher Leistungsmengen) aus, um die Kosten in fixe und variable Bestandteile aufzulösen.

Die buchtechnische Kostenspaltung erfolgt dadurch, dass alle verbuchten Kostenbelege von erfahrenen Kostenrechnern daraufhin überprüft werden, ob die betreffenden Beträge zu den fixen oder variablen Kosten bzw. zu Einzel- und Gemeinkosten gehören. Aufgrund des Rückgriffs auf das Expertenwissen des Kostenrechners ist das buchtechnische Verfahren als höchst subjektiv zu betrachten. Ein weiterer, zentraler Nachteil des buchtechnischen Verfahrens liegt, ebenso wie bei den mathematisch-statistischen Verfahren darin begründet, dass auch hier nur vergangenheitsorientiert vorgegangen wird.

Die demgegenüber zukunftsorientierte Methode der planmäßig-analytischen Kostenspaltung basiert auf theoretischen Erkenntnissen über die technischen Beziehungen zwischen Leistungsmengen und Kosteneinsatzgütermengen, also auf den in Produktionsfunktionen enthaltenen „Verbrauchsfunktionen".

2.5 Konzepte der Voll- und Teilkostenrechnung

Im Zuge der Anwendung der Kostenrechnung in der Wirtschaftspraxis und auf Basis der Erkenntnisse der Kostenspaltung entwickelten sich verschiedene Konzepte von Rechnungssystemen. Als wesentliche Systeme können hierbei die Vollkosten- sowie die Teilkostenrechnung unterschieden werden. Zentrales Unterscheidungskriterium der beiden Systeme liegt vornehmlich in der Art und Weise der Verrechnung von Kosten auf Kostenbezugsobjekte.

Historisch der Teilkostenrechnung vorausgehend, lag der originäre Zweck der Vollkostenrechnung anbieterorientiert in einer nachvollziehbaren und objektivierenden Preisfindung. Wirtschaftenden Betrieben war es insbesondere daran gelegen, über die Ermittlung von Selbstkosten eines Produkts, die eigenen Produktpreise vor der

Nachfrage zu rechtfertigen. Nach dem Verursachungsprinzip sollten dabei möglichst alle, im Unternehmen anfallenden Kosten den jeweiligen Kostenträgern, also den Produkten, zugeordnet werden. Eine *Vollkostenrechnung* ist also dadurch charakterisiert, dass sie den einzelnen Kostenträgern neben den direkt zurechenbaren Einzelkosten auch anteilige Gemeinkosten, also die vollen Kosten, zurechnet. Aufgrund der dazu notwendigen – letztlich stets willkürlichen – Gemeinkostenschlüsselung kann die Vollkostenrechnung zu Fehlern führen und ist daher aus rein kostentheoretischer Sicht zu verwerfen.

Anders als in der Vollkostenrechnung orientiert sich die Teilkostenrechnung dabei von Beginn an, an den am Markt erzielbaren Erlösen und ermittelt von diesen ausgehend, retrograd den jeweiligen Erfolg des Unternehmens. Entscheidend ist hierbei allerdings, dass die im Unternehmen anfallenden Kosten nicht wie in der Vollkostenrechnung als undifferenzierter, gesamthafter Block, sondern „geteilt", nach entscheidungsrelevanten Kriterien subtrahiert werden. Als entscheidungsrelevante Kriterien sind hierbei insbesondere die Abhängigkeit der Kosten von der jeweiligen Beschäftigung sowie die Zurechenbarkeit der Kosten zu bestimmten Bezugsobjekten (z. B. Produkten) definiert.

Im Falle der vorrangigen Zurechnung von Kostenträgereinzelkosten auf Kalkulationsobjekte entstehen so aussagekräftige Einzelkosten- und Deckungsbeitragsrechnungen. Trotz derartiger Abrechnungsmodalitäten wird jedoch auch in Teilkostenrechnungen für das Gesamtunternehmen die Berücksichtigung der vollen Kosten gewährleistet. Die Auswirkungen von Unternehmensentscheidungen hinsichtlich eines möglichen Erfolges, wie z. B. von Produkteliminationen oder Preisfestsetzungen, werden dadurch unweigerlich transparenter und nachvollziehbarer gemacht als dies durch die Vollkostenrechnung möglich erscheint (vgl. Abschn. 7.2).

2.6 Teilgebiete der Kostenrechnung

Insbesondere die traditionelle Vollkostenrechnung mit ihrer Ausrichtung auf die Zwecke der Abbildung, Dokumentation und Kalkulation lässt sich in drei wesentliche Teilgebiete differenzieren:

- Die Kostenartenrechnung (Welche Kosten fallen an?)
- Die Kostenstellenrechnung (Wo fallen die Kosten an?)
- Die Kostenträgerrechnung (Wofür fallen die Kosten an?)

Als erstes Teilgebiet der Kostenrechnung beschäftigt sich die *Kostenartenrechnung* mit der Frage, welche Produktionsfaktoren in einem Wertschöpfungsprozess eingesetzt beziehungsweise welche Güter verzehrt werden. Sie hat insbesondere die Aufgabe, sämtliche für die Leistungserstellung und -verwertung in einer Periode anfallenden Kosten nach einzelnen Kostenarten gegliedert zu erfassen und auszuweisen. Typische Kostenarten umfassen dabei unter anderem Lohn- und Gehaltskosten, Materialkosten oder auch periodisierte Investitionsaufwendungen in Form von Abschreibungen und Zinsen.

2.6 Teilgebiete der Kostenrechnung

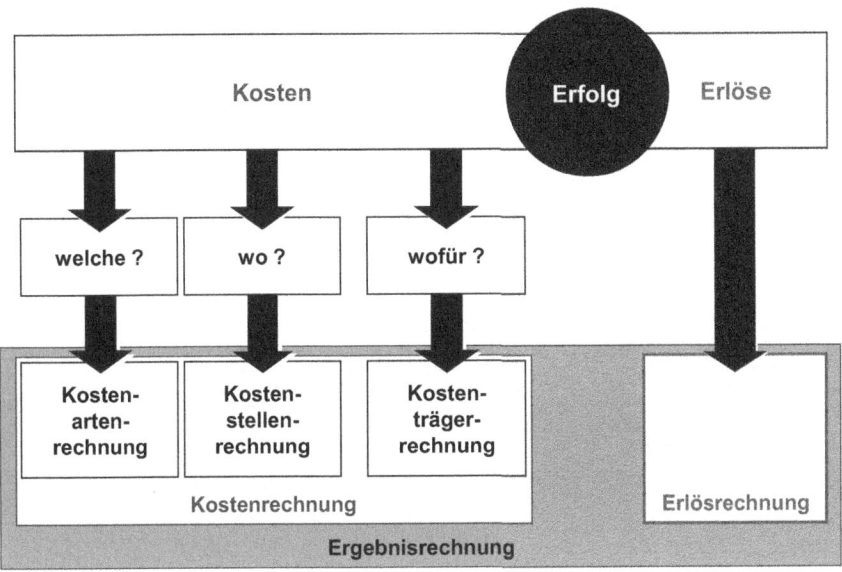

Abb. 2.8 Teilgebiete des Kosten-, Erlös- und Ergebniscontrolling

Ferner wird im Rahmen der Kostenartenrechnung bereits eine Unterscheidung zwischen Einzel- und Gemeinkosten bzw. variablen und fixen Kosten getroffen (Abb. 2.8).

Das zweite Teilgebiet der Kostenrechnung, die *Kostenstellenrechnung*, klärt die Frage, wo Kosten im Unternehmen anfallen. Die Kostenstellenrechnung hat dabei die Aufgabe, Kosten am Ort ihrer Entstehung zu planen, zu erfassen, zu dokumentieren und zu kontrollieren. Dabei dient die Kostenstellenrechnung zwei übergeordneten Zielen: einerseits ermöglicht sie es, Kosten- und Erlösverantwortlichkeiten zu schaffen und unterstützt damit die Steuerung des Unternehmens. Andererseits bereitet sie die nicht direkt auf die Kostenträger zurechenbaren Gemeinkosten für die Weiterberechnung in der *Kostenträgerrechnung* auf. Für letzteres Ziel werden die in der Kostenartenrechnung als Gemeinkosten identifizierten Kosten nach zweckbezogenen Kriterien festgelegten „Abrechnungsbezirken" (Kostenstellen) zugeordnet. Mittels Zuschlags- oder Verrechnungssätzen können in der sich daran anschließenden Kostenträgerrechnung die Gemeinkosten von den „Abrechnungsbezirken" auf die jeweiligen Kostenträger weiterverrechnet werden. Die Kostenstellenrechnung wird deswegen zumeist auch als Bindeglied zwischen der Kostenarten- und der Kostenträgerrechnung bezeichnet.

Die *Kostenträgerrechnung* als drittes Teilgebiet der Kostenrechnung ist schließlich eng mit dem traditionellen Rechenzweck der Kostenrechnung, der Kalkulation, verbunden. Diesbezüglich stellt sich in der Kostenträgerrechnung die Frage, wofür (also für welche Kalkulationsobjekte) die in den Kostenstellen angefallenen Kostenarten zu nutzen sind. Die Kostenträgerrechnung lässt sich wiederum selbst in eine Kostenträgerstück- sowie eine Kostenträgerzeitrechnung differenzieren. Während die Kostenträgerstückrechnung

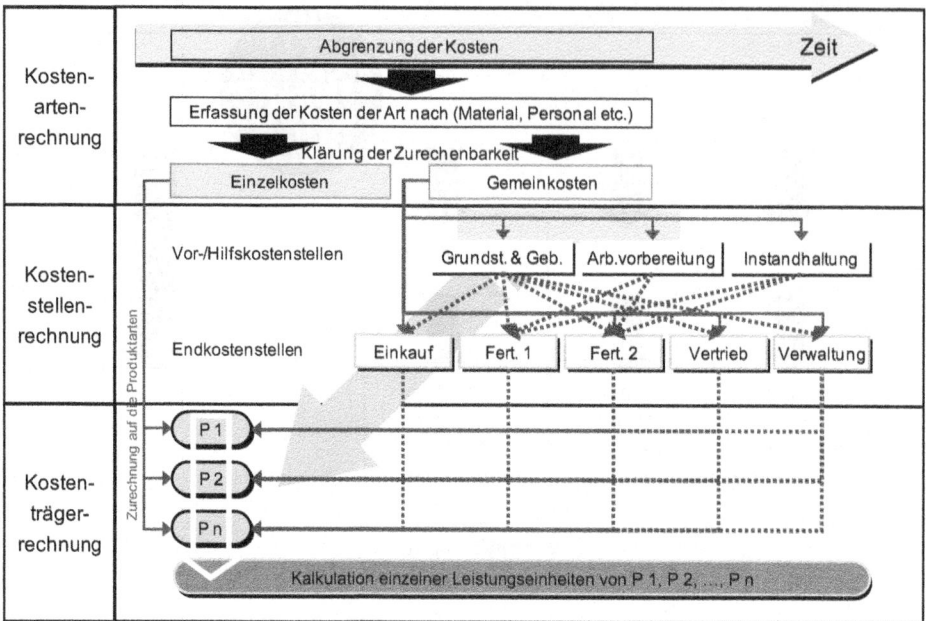

Abb. 2.9 Zusammenhang der Teilgebiete der Kostenrechnung

die Kosten, die für eine einzelne Kostenträgereinheit (z. B. ein Produkt) anfallen berechnet, ermittelt eine Kostenträgerzeitrechnung die gesamten Kosten, die innerhalb einer gesamten Abrechnungsperiode entstanden sind. Das Teilgebiet der Kostenträgerrechnung hat also die Aufgabe, Aufträge abzurechnen, Bestände zu bewerten, Stückkosten zu bestimmen und die Gesamtleistung von Abrechnungsperioden zu ermitteln.

Die verschiedenen Teilgebiete der Kostenrechnung sind keine separaten Teilrechnungen, sondern werden in einem geschlossenen Kostenrechnungssystem abrechnungstechnisch integriert (vgl. Abb. 2.9). Auch ist die gesamte Kostenrechnung nicht als separates Instrument anzusehen, sondern als Bestandteil eines zunehmend stärker integrierten Finanz- und Rechnungswesens zu betrachten. In den weiteren Kapiteln sollen die Teilgebiete der Kostenrechnung nun näher erläutert werden.

2.7 Zusammenfassung

- Im Finanz- und Rechnungswesen lassen sich zunächst finanzwirtschaftliche Rechengrößen (Auszahlung/Ausgaben) von erfolgswirtschaftlichen Rechengrößen unterscheiden (Kosten/Aufwand).
- Innerhalb der erfolgswirtschaftlichen Rechengrößen lassen sich Kosten von Aufwendungen dadurch abgrenzen, dass Kosten der internen Erfolgsermittlung dienen, während Aufwendungen der externen Erfolgsermittlung dienen.

- Aufgrund der internen Zweckorientierung stehen Kosten grundsätzlich in Zusammenhang mit der betrieblichen Leistungserstellung, sind periodenbezogen und haben keinen außerordentlichen Charakter. Zudem können Kosten kalkulatorische, also vom externen Rechnungswesen veränderte oder dort nicht enthaltene Bestandteile beinhalten.
- Entsprechend dem Kostenbegriff dient auch die Kostenrechnung internen, kurzfristig- und erfolgsorientierten Zwecken. Aufgrund ihrer internen Ausrichtung hat sie dabei freiwilligen Charakter und kann kalkulatorische Bestandteile enthalten.
- Die wesentlichen traditionellen Zwecke der Kostenrechnung stellen die Abbildung, Dokumentation sowie die Kalkulation des betrieblichen Wertverzehrs dar. Ferner dient die Kostenrechnung heute vornehmlich der Planung, Steuerung und Kontrolle des Erfolgs sowie der Fundierung betriebswirtschaftlicher Entscheidungen.
- Wesentliche Begriffsdifferenzierungen des Kostenbegriffs sind die Unterscheidungen in fixe bzw. variable sowie in Einzel- und Gemeinkosten.
- Während Einzelkosten einem Bezugsobjekt aufgrund einer Ursache-Wirkungsbeziehung direkt zurechenbar sind, entstehen Gemeinkosten gemeinsam für mehrere Bezugsobjekte.
- Die Unterscheidungsdimensionen variabel und fix orientieren sich an der Veränderlichkeit von Kosten in Abhängigkeit bestimmter Kosteneinflussgrößen. Während sich variable Kosten mit Veränderung der Einflussgröße ändern, werden fixe Kosten nicht durch Veränderung der Einflussgröße beeinflusst.
- Wesentliche Konzepte der Kostenrechnung umfassen die Teil- sowie die Vollkostenrechnung. Zentrales Unterscheidungskriterium stellt dabei die in der Teilkostenrechnung vorgenommene Kostenspaltung in entweder fixe und variable oder in Einzel- und Gemeinkosten dar.
- Während die Vollkostenrechnung insbesondere auf die Zwecke der Dokumentation, Abbildung und Kalkulation ausgerichtet ist, dient die Teilkostenrechnung primär der Planung, Steuerung, Kontrolle des Erfolgs sowie der Entscheidungsunterstützung.
- Die traditionelle Vollkostenrechnung lässt sich in die Teilgebiete der Kostenarten- (welche?), Kostenstellen- (wo?) sowie Kostenträgerrechnung (wofür?) untergliedern.

Weiterführende Literatur

Becker, W. (2000) Lexikon zur Kosten-, Erlös- und Ergebnisrechnung. In *Bamberger Betriebswirtschaftliche Beiträge* (Bd. 126). Bamberg.

Franz, K.-P. (1992) Ansatz kalkulatorischer Kosten. In Männel (Hrsg.), *Handbuch Kostenrechnung* (S. 423–435): Gabler Verlag.

Gutenberg, E. (1990) *Einführung in die Betriebswirtschaftslehre*. Wiesbaden: Gabler Verlag.

Riebel, P. (1994) *Einzelkosten- und Deckungsbeitragsrechnung: Grundfragen einer markt- und entscheidungsorientierten Unternehmensrechnung*. Wiesbaden: Gabler-Verlag.

Schmalenbach, E. (1963) *Kostenrechnung und Preispolitik* (8. Aufl.). Köln: Westdeutscher-Verlag.

Aufbau und Inhalt der Kostenartenrechnung 3

Wie bereits dargelegt, stellt die Kostenartenrechnung gemeinhin den Startpunkt jeglicher Kostenrechnung dar. Die Aufgabe der Kostenartenrechnung liegt hierbei vornehmlich in einer möglichst systematischen, überschneidungsfreien und vollständigen Erfassung, Bewertung und Einordnung der in einem Abrechnungszeitraum entstandenen Kosten. Ziel ist es dabei, die Kosten zur Weiterverarbeitung aufzubereiten. Dafür ist es neben der wert- und mengenmäßigen Erfassung der Kosten ebenso notwendig, die Kosten nach ihrem Verhalten in Einzel- und Gemeinkosten bzw. fixe und variable Kosten einzuordnen.

Ausgangspunkt der Kostenartenrechnung ist ein Kostenartenplan, der entsprechend nach der Faktorsystematik von *Erich Gutenberg* aufgebaut werden kann. Dabei sind die wesentlichen betrieblichen Produktions- und folglich auch Verbrauchsfaktoren die menschliche Arbeitsleistung, mobile sowie immobile Betriebsmittel (z. B. Grundstücke, Gebäude, Maschinen, usw.) sowie Werkstoffe (Roh-, Hilfs- und Betriebsstoffe). Die Kostenartenrechnung orientiert sich im Zuge der Erfassung der Kosten entsprechend an dieser Systematik. Kostenarten lassen sich deswegen ebenfalls z. B. in Material- (Werkstoffe), Personal- (Arbeitsleistung) sowie Kapitalkosten (Maschinen, Gebäude, etc.) kategorisieren (vgl. Abb. 3.1). Die Ermittlung und Besonderheiten dieser Kostenartenkategorien sollen in der Folge nun genauer dargestellt werden (Abb. 3.2).

3.1 Materialkosten

Materialkosten sind in vielen industriellen Branchen eine der wesentlichsten Kostenarten. Sie umfassen generell den Verbrauch und die Bewertung der von außen bezogenen und im Produktionsprozess verwendeten Materialien. Zur Bestimmung der Materialkosten wird der gesamte Materialaufwand zunächst in verschiedene Materialarten differenziert. Beispielsweise kann eine Kategorisierung nach dem Verbrauch von Roh-, Hilfs- und Betriebsstoffen sowie nach Kaufteilen und Verpackungsmaterialien erfolgen.

Rohstoffe
Handelswaren
Hilfsstoffe
Energiekosten
Sonstige Betriebsstoffe
Verpackungsmaterial
Büromaterial
Werbematerial
Materialkosten
Fremdlöhne und Personalleasing
Instandhaltungskosten
Forschungs- und Entwicklungskosten
Kosten für Schutzrechte und Lizenzen
Frachten und Transportkosten
IT-Kosten
Beratungskosten
Dienstleistungen
Löhne
Gehälter
Hilfslöhne
Kosten für Mehrarbeit
Weiterbildungskosten
Sonstige Einkommensbestandteile (Urlaubsgeld, Weihnachtsgeld etc.)
Arbeitskleidung
Personalkosten
Arbeitgeberbeitrag zur Sozialversicherung
Pensionszahlungen
Personalnebenkosten

Mieten und Pachten
Kalkulatorische Abschreibungen
Kalkulatorische Zinsen
Gebühren und Steuern
Versicherungen
Kosten des Kapitalverkehrs
Kosten für Währungssicherung
Kapitalkosten
Dienstreisen
Bewirtungskosten und Geschenke
Porto- und Telekommunikationskosten
Beiträge und Spenden
Provisionen
Vertragsstrafen
Sonstige Kosten

Abb. 3.1 Beispielhafter Kostenartenplan

Abb. 3.2 Prinzipien der Erstellung eines Kostenartenplans

Die Erstellung eines **Kostenartenplans** ist grundsätzlich an unternehmensindividuellen Bedürfnissen auszurichten, hat hierbei allerdings bestimmten Grundprinzipien zu folgen:

- Zunächst muss er eine geordnete und vollständige Erfassung der entstehenden Kosten erlauben (**Grundsatz der Vollständigkeit**).

- Darüber hinaus sind die einzelnen Kostenarten eindeutig zu definieren (**Grundsatz der Eindeutigkeit**). Nur so kann gewährleistet werden, dass jeder betriebliche Güterverzehr überschneidungsfrei erfasst wird.

- Als weitere Anforderung ist eine im Zeitablauf stetige Erfassung und Bewertung des Güter- und Leistungsverzehrs zu fordern (**Grundsatz der Stetigkeit**).

- Schließlich sollte sich die Erfassungsmethode einigermaßen flexibel an neue organisatorische und verfahrens-technische Entwicklungen anpassen lassen (**Grundsatz der Flexibilität**).

1. Differenzierung unterschiedlicher Materialarten

- **Rohstoffe:** Materialien, die nach ihrer Be- oder Verarbeitung im Produktionsprozess als Hauptbestandteile in die jeweiligen Endprodukte eingehen
- **Kaufteile:** Fremdbezogene Teile, die weitgehend unverändert in die Endprodukte übernommen werden
- **Hilfsstoffe:** Zusatzmaterialien, die unmittelbar in die Endprodukte eingehen, mengen-und wertmäßig aber von untergeordneter Bedeutung sind
- **Betriebsstoffe:** Materialien, die zur Durchführung des Produktionsprozesses benötigt werden, aber nicht in das Endprodukt eingehen
- **Verpackungsmaterialien:** Materialien, die zur Lagerung und zum Versand benötigt werden

2. Erfassung der Materialverbrauchsmengen

- **Näherungsverfahren:** Gleichsetzung von Materialeinkauf und Materialverbrauch
- **Inventur:** Berechnung des Materialverbrauchs aus der Differenz zweier Bestände
- **Materialentnahmescheine:** Erfassung der vom Lager entnommenen Materialmengen
- **Stücklistenauflösung:** Berechnung des Sollverbrauchs an Material

3. Bewertung der Materialverbrauchsmengen

- **Anschaffungswerte:** realisierte Marktpreise, Durchschnittswerte, Wertansätze aus der Anwendung von Verbrauchsfolgeverfahren
- **Wiederbeschaffungswerte:** erwartete zukünftige Tagesbeschaffungspreise
- **Festwerte:** unabhängig von Marktpreisänderungen längerfristig konstanter Wertansatz
- **Lenkungswerte:** Opportunitätswerte als entgehende Deckungsbeiträge bzw. ersparte Kosten

Abb. 3.3 Schritte der Materialerfassung

Mit *Rohstoffen* werden dabei solche Materialien bezeichnet, die als Hauptbestandteil in die fertigen Erzeugnisse eingehen. *Hilfsstoffe* wiederum bezeichnen solche Materialien, die zwar auch in die fertigen Erzeugnisse einfließen, hier aber nur eine untergeordnete Rolle spielen (z. B. Farben, Lacke, Nägel, Schrauben). Schließlich umfassen *Betriebsstoffe* solche Materialien, die bei der Produktion verbraucht werden, aber nicht in das fertige Erzeugnis eingehen (z. B. Kohle, Öle). Der Detaillierungsgrad der erfassten Materialarten richtet sich zum einen nach den tatsächlich verbrauchten Materialarten und zum anderen nach dem mit der Differenzierung verbundenen Organisationsaufwand.

Für die anschließende Erfassung der Materialverbrauchsmengen stehen verschiedene Verfahren zur Verfügung. Einige Unternehmen begnügen sich unter Verzicht auf eine Bestandsführung damit, die Ausgaben für die innerhalb einer Periode angelieferten Materialmengen im selben Abrechnungszeitraum auch als Kosten auszuweisen (*Näherungsverfahren*). Neben diesem Verfahren kann eine Verbrauchsmengenerfassung auch unter Zuhilfenahme von *Materialentnahmescheinen* erfolgen. Ein Materialentnahmeschein ist dabei ein Dokument zur Erfassung jeglicher Materialentnahmen. Jeder Entnahmeschein erfasst dabei Art und Menge des entnommenen Materials sowie die verbrauchende Kostenstelle und den jeweiligen Kostenträger für den das Material entnommen wurde (Abb. 3.3).

Darüber hinaus kann der Materialverbrauch auch auf der Grundlage von Konstruktionsplänen oder Rezepturen bestimmt werden (*Stücklisten*). Hierdurch wird es im Nachgang und auf Basis der gesamten Produktionsmenge möglich, den planmäßigen Materialverbrauch zu bestimmen (Produktionsmenge x Materialverbrauch pro Stück).

Mit Hilfe der *Inventurmethode* lässt sich die Verbrauchsmenge durch die Berechnung des Materialverbrauchs aus der Differenz zweier Bestände ermitteln. So ist für die Inventurmethode eine Zählung des Lagerendbestands an Material z. B. am Ende einer Periode notwendig. Der Materialverbrauch am Ende einer Periode ergibt sich dabei aus folgender Formel:

$$Anfangsbestand + Zugänge - Endbestand = Verbrauch$$

Die Auswahl geeigneter Methoden zur Verbrauchserfassung ist dabei grundsätzlich unternehmensspezifisch zu bestimmen. So bieten die jeweiligen Verfahren Vor- und Nachteile hinsichtlich der Genauigkeit der Materialerfassung sowie in Bezug auf den mit der Anwendung der Methoden einhergehenden Aufwand. Während beispielsweise das Näherungsverfahren mit einem geringen Aufwand lediglich einen approximativen Erfassungswert ermitteln kann, ermöglicht das Materialentnahmescheinverfahren ein sehr detailliertes Bild über Höhe und Ursache des Verbrauchs. Gleichsam ist mit dem Materialentnahmescheinverfahren zumeist allerdings ein hoher bürokratischer Aufwand verbunden.

Beispielaufgabe 3-1:

Am Ende des Monats Juni möchte die Konserven OHG den mengenmäßigen Verbrauch des Rohstoffs Blech ermitteln. Es sind dazu folgende Informationen über den abgelaufenen Monat Juni bekannt:

Vorgang:	Menge (kg):
Lagerbestand am 31.Mai	15.000
Zugekauftes Blech am 3. Juni	42.000
Lagerentnahme gemäß Entnahmeschein am 10. Juni	30.000
Lagerentnahme gemäß Entnahmeschein am 20. Juni	25.000
Zugekauftes Blech am 25. Juni	17.000
Lagerbestand am 30. Juni	18.000

Darüber hinaus ist Ihnen bekannt, dass im Monat Juni 540.000 Konservendosen produziert wurden. Laut Stückliste sind in jeder Konservendose 100 Gramm Blech enthalten.

Ermitteln Sie mit 2 verschiedenen Methoden den mengenmäßigen Materialverbrauch des Rohstoffs Blech im Monat Juni! Nennen Sie dabei bei jedem Rechenweg die jeweils gewählte Methode!

3.1 Materialkosten

> **Lösung Beispielaufgabe 3-1:**
>
> *Näherungsverfahren:*
>
> Der Materialzugang wird mit dem Materialverbrauch gleichgesetzt.
>
> $\sum$ Zugänge = $\sum$ Vebrauch
>
> 42.000 kg + 17.000 kg = 59.000 kg
>
> *Materialentnahmescheinverfahren:*
>
> Der Materialentnahmen werden laufend erfasst.
>
> $\sum$ Abgänge = $\sum$ Vebrauch
>
> 30.000 kg + 25.000 kg = 55.000 kg
>
> *Stücklistenauflösung:*
>
> Die produzierte Menge wird mit dem planmäßigen Verbrauch pro Stück multipliziert.
>
> Produktionsmenge x Planmäßiger Verbrauch pro Stück = $\sum$ Vebrauch
>
> 540.000 Stück x 0,1 kg/Stück = 54.000 kg
>
> *Inventur:*
>
> Der Verbrauch ergibt sich aus der Summe von Anfangsbestand und Zugängen abzüglich dem Endbestand.
>
> Anfangsbestand + $\sum$ Zugänge −Endbestand = $\sum$ Vebrauch
>
> 15.000 kg + 42.000 kg + 17.000 kg -18.000 kg = 56.000 kg

Als letzten Schritt der Materialerfassung ist die Bewertung der ermittelten Verbrauchsmengen durchzuführen. Insbesondere bei starken Preisschwankungen während einer Abrechnungsperiode stellt sich aufgrund von Erfassungs- und Aufwandsgesichtspunkten die Frage, welche Preise zugrunde gelegt werden sollen. Zudem hängt die Wahl der Preise, mit denen der Materialverbrauch bewertet wird, auch stark vom Rechenzweck ab. Besteht das Ziel der Kostenrechnung in der Produktkalkulation, muss ein zeitnaher Anschaffungswert zugrunde gelegt werden. Für wertvolle Materialien, die längere

Zeit auf Lager liegen, weil sie nicht laufend verbraucht werden, kann der Ansatz wiederbeschaffungsorientierter Werte notwendig werden.

Soll das Kostencontrolling die Lenkung des unternehmerischen Handelns in eine bestimmte Richtung verfolgen, können gar fiktive Lenkungspreise (Opportunitätswerte als entgehende Deckungsbeiträge bzw. ersparte Kosten) zur Bewertung der Verbrauchsmengen herangezogen werden.

Kann z. B. aufgrund auseinanderfallender Einkaufs- und Verbrauchszeitpunkte nicht genau ermittelt werden, welche Materialien zu welchem Einkaufspreis verbraucht wurden, können zur Verbrauchsbewertung sogenannte Verbrauchsfolgeverfahren, wie z. B. das sogenannte FIFO- (First-In-First-Out) oder LIFO-Verfahren (Last-In-Last-Out), angewendet werden. Diese Verfahren, die in der Folge kurz vorgestellt werden sollen, unterstellen dabei annahmegemäße Verbrauchsfolgen, um den jeweiligen Verbrauch zu bewerten.

FIFO- und LIFO Verfahren Das FIFO- wie das LIFO-Verfahren können gemeinhin den sogenannten Verbrauchsfolgeverfahren zugeordnet werden, da sie im Vorfeld bereits eine bestimmte Verbrauchsreihenfolge des Materials unterstellen. So wird beim *LIFO-Verfahren* unterstellt, dass zuletzt eingekauftes Material (Last-In) als erstes im Produktionsprozess (First-Out) verbraucht wird. Klassisches Beispiel dieses Prinzips stellt dabei etwa ein Kies- oder Sandberg dar, weil hier an den zuerst angelieferten Sand bzw. Kies nur dann zu gelangen ist, wenn das zuletzt aufgeschüttete Material entfernt wird.

Im umgekehrten Fall bezeichnet das *FIFO-Verfahren* ein Verfahren, bei dem unterstellt wird, dass das zuerst eingekaufte Material (First-In) auch als erstes im Produktionsprozess eingesetzt wird (First-Out). Klassisches Beispiel ist in diesem Fall ein Silo, welches von oben befüllt und gleichzeitig wieder von unten entleert wird. Insbesondere bei verderblicher Ware ist das FIFO-Verfahren als geeignet anzusehen.

> Beispielaufgabe 3-2:
>
> Die Entwicklung des Lagerbestands des Rohstoffs A der Bike GmbH während des Monats Januar zeigt die nachfolgende Tabelle:
>
> | Vorgang: | Menge (kg): | Preis [€/kg] |
> |---|---|---|
> | Anfangsbestand (01.01.) | 400 | 4,00 |
> | Zugang (07.01.): | 1.000 | 3,00 |
> | Zugang (12.01.): | 800 | 3,50 |
> | Zugang (19.01.): | 1.000 | 3,00 |
> | Zugang (26.01.): | 1.200 | 2,00 |
> | Endbestand (31.01.): | 800 | |
>
> Bewerten Sie den Materialverbrauch gemäß der FIFO-Methode!
>
> *Lösung:*
> Materialverbrauch: Anfangsbestand + Zugänge – Endbestand = 400 kg + 4000 kg – 800kg = 3600 kg
>
> | | Menge (kg): | Preis [€/kg] | Bewerteter Materialverbrauch |
> |---|---|---|---|
> | | 400 | 4,00 | 1.600 € |
> | | 1.000 | 3,00 | 3.000 € |
> | | 800 | 3,50 | 2.800 € |
> | | 1.000 | 3,00 | 3.000 € |
> | | 400 | 2,00 | 800 € |
> | Σ | 3.600 | | 11.200 € |

3.2 Personalkosten

In vielen Dienstleistungsunternehmen stellen Personalkosten die wesentlichste Kostenart dar. Die Informationen zur Erfassung der Personalkosten entstammen meist der vorgelagerten Lohn- und Gehaltsbuchhaltung. Entsprechend setzen sich Personalkosten auch aus Lohnkosten (Löhne und Lohnnebenkosten), Gehaltskosten (Gehalt und Gehaltsnebenkosten) sowie Sonderentgelten (z. B. Ausbildungsvergütung) zusammen.

Während mit dem Begriff Gehalt eine weitestgehend einflussgrößenunabhängige Entlohnung der Mitarbeiter beschrieben wird (z. B. Monatslohn), umfasst der Begriff Lohn eine Entlohnung die sich an leistungsabhängige Bedingungsfaktoren wie z. B. den geleisteten Arbeitsstunden (Stundenlohn) oder der gefertigten Stückzahl (Akkord- oder Prämienlohn) orientiert. Während sich die Erfassung von regulären Löhnen und Gehältern weitestgehend problemlos aus den geleisteten Zahlungen an die Mitarbeiter ergibt, stellt sich insbesondere die Erfassung von einmaligen Lohn- und Gehaltsnebenkosten, wie etwa Weihnachtszuschüsse, Erstattung der Umzugskosten oder Sonderzahlungen für Jubiläen in der Praxis problematisch dar. Hier greift man zumeist auf eine Standardisierung solcher Zahlungen zurück, die als Prozentsatz auf die regulären Löhne und Gehälter aufgeschlagen wird.

3.3 Kapital- bzw. Anlagekosten

Neben Material und Personal sind die Kosten für Betriebsmittel die dritte wesentliche Kostenartenkategorie. In der Kostenrechnungsterminologie werden diese Kosten meist unter dem Begriff der Kapital- bzw. Anlagekosten geführt, da in den Betriebsmitteln das Kapital des Unternehmens in Form von Anlagen gebunden ist. Die wichtigsten Anlagekosten stellen dabei die sogenannten kalkulatorischen Abschreibungen sowie kalkulatorischen Zinsen dar, deren Erfassung und Berechnung in der Folge kurz vorgestellt werden.

Kalkulatorische Abschreibungen Die kalkulatorischen Abschreibungen dienen dazu, einen für ein Investitionsgut gezahlten Kaufpreis auf die Jahre der Nutzung des Investitionsgutes zu verteilen. Grundsätzlich soll diese Verteilung den kalkulatorischen Wertverlust des Investitionsgutes abbilden.

Die Höhe der periodisierten Abschreibungen (Abschreibungssumme) ergibt sich aus der Abschreibungsbasis (AW) korrigiert um einen möglichen Liquidationswert, der am Ende der Nutzungsdauer realisiert werden kann (vgl. Abb. 3.4).

Die Abschreibungsbasis orientiert sich, gemäß dem Zweck der Abbildung des Wertverlustes eines Investitionsgutes, zunächst am Anschaffungswert des entsprechenden Investitionsgutes. Allerdings richtet sich die Bemessung der kalkulatorischen Abschreibung im Gegensatz zur bilanziellen Abschreibung vorrangig nach internen Erfordernissen, d. h. nach den Informationsinteressen von Unternehmensführung und Controlling. Die Kostenrechnung ist zudem auch nicht an das handels- und steuerrechtliche Anschaffungswertprinzip gebunden.

Daher können die betriebsnotwendigen Anlagen auch von anderen Ausgangsbasen als dem Anschaffungswert abgeschrieben werden. Da zur Produktion eingesetzte Anlagen, Vorratsmaterial und dergleichen mitunter erst in ferner Zukunft wiederbeschafft werden und bis dahin vor allem in inflationären Zeiten erhebliche Preissteigerungen eintreten

3.3 Kapital- bzw. Anlagekosten

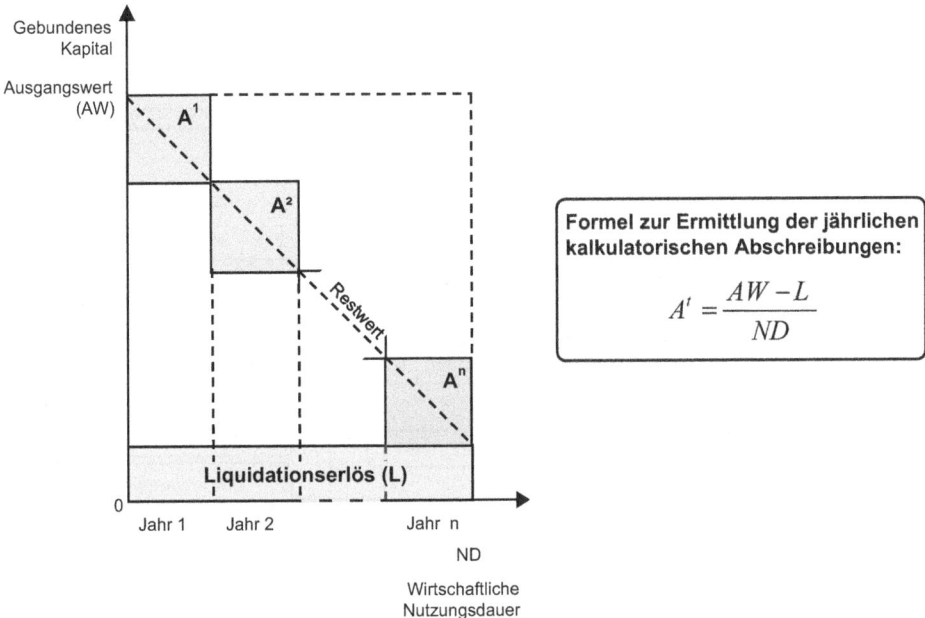

Abb. 3.4 Grafische Darstellung des linearen Abschreibungsvorgangs

können, kommt es häufig vor, dass der Wiederbeschaffungspreis die Anschaffungskosten und auch den Tagespreis übersteigt.

Speziell durch den Ansatz von Ersatzbeschaffungswerten wird daher angestrebt, die bei der Leistungserstellung verzehrten Vermögenswerte zeitgerecht zu bewerten und somit rechnerisch zu gewährleisten, dass die Mittel für eine Wiederbeschaffung bis zum Ersatzzeitpunkt aus dem Umsatzprozess zurückgewonnen werden. Das Ziel der Substanzerhaltung, die eine stetige Unternehmensfortführung gewährleistet, ist in der Kostenrechnung von zentraler Bedeutung (Abb. 3.5).

Wurde nun ein sinnvoller abzuschreibender Ausgangswert definiert, gilt es in der Folge ein geeignetes Abschreibungsverfahren festzulegen. Hierbei kann zwischen zeit- und leistungsbezogenen Verfahren unterschieden werden. Zeitbezogene Verfahren unterstellen dabei, dass Investitionsgüter über die Zeit hinweg an Wert verlieren. Diesem zeitlichen Wertverlust lässt sich wiederum ein linearer, ein degressiver oder ein progressiver Verlauf unterstellen. Während der lineare Wertverlust davon ausgeht, dass ein Investitionsgut gleichmäßig über seine Lebensdauer hinweg an Wert verliert, unterstellt etwa ein degressiver Verlauf, dass Investitionsgüter zu Beginn ihrer Lebensdauer besonders viel und dann im Laufe ihres Lebens immer weniger an Wert verlieren. Um eine möglichst gleichmäßige Kostenverteilung über die Lebensdauer eines Investitionsgutes zu erzielen und aufgrund ihrer einfachen Rechenmethodik, wird in der Praxis zumeist ein linearer Wertverlust unterstellt.

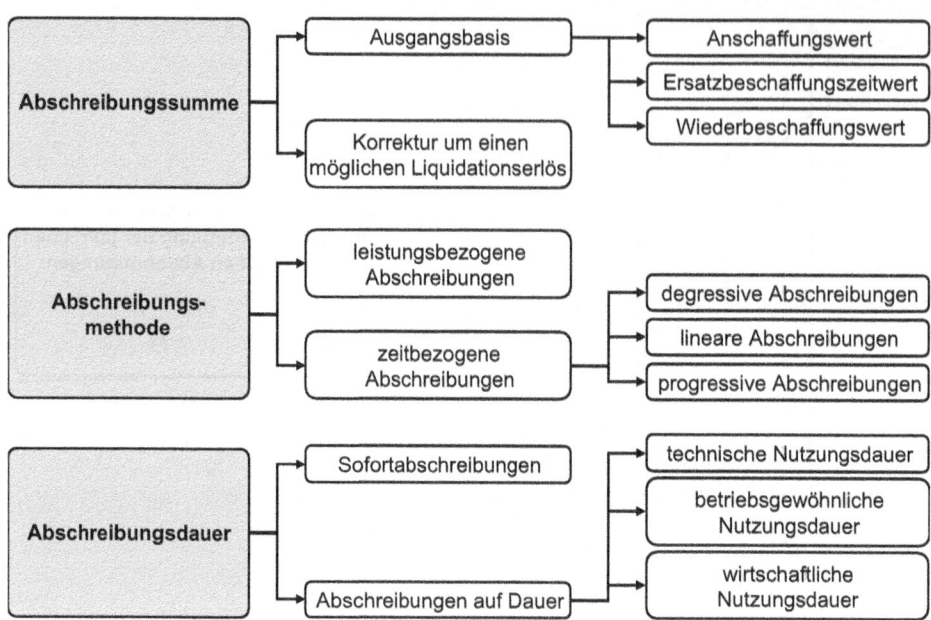

Abb. 3.5 Determinanten zur Berechnung der Abschreibungssumme

Neben der Unterstellung eines zeitlichen Wertverlustes kann allerdings ebenso ein leistungsabhängiger Verschleiß unterstellt werden. Hierbei wird angenommen, dass z. B. der Verschleiß einer Maschine umso höher ist, je stärker sie beansprucht bzw. je mehr mit ihr produziert wird. Verschleißmessungen in weiten Teilen der Industrie ergaben etwa, dass typischerweise nach Frühausfällen zu Beginn der Lebensdauer von Maschinen ein relativ niedriger Verschleißverlauf folgt, ehe der Verschleiß bei alten Maschinen wieder stark ansteigt. Bei einer folglich auf Leistungsgrößen basierenden Abschreibung würde die Abschreibungsfunktion also entsprechend der resultierenden „Badewannenkurve" verlaufen. Dies hätte zur Folge, dass die Maschine am Anfang und gegen Ende der Nutzungsdauer höher abgeschrieben wird und somit Produkte, die auf neuen und auf sehr alten Maschinen produziert werden, teurer werden. In der Praxis wird die leistungsbezogene Abschreibung daher typischerweise nicht angewendet, da sie zu großen Schwankungen beispielsweise in der Preissetzung führen würde.

Kalkulatorische Zinsen Im Vergleich zu den oben angesprochenen Abschreibungen, die den Wertverzehr eines Investitionsgutes abbilden wollen, werden mit den kalkulatorischen Zinsen die Kosten der durch das Investitionsgut gebundenen finanziellen Mittel beschrieben. Zentraler Gedanke dabei ist, dass Anschaffungszahlungen für z. B. eine Maschine und die daraus resultierenden Einzahlungen durch Produkte zeitlich auseinanderfallen.

Kalkulatorische Zinsen stellen das Entgelt für die Inanspruchnahme von Kapital dar und werden auf der Grundlage des gesamten betriebsnotwendigen Kapitals berechnet. Zur Bestimmung periodisierter kalkulatorischer Zinsen ist es folglich notwendig, einerseits das betriebsnotwendige Kapital zu identifizieren sowie andererseits dieses Kapital mit einem Zinssatz zu bewerten. Das betriebsnotwendige Kapital ist das gesamte Eigen- und Fremdkapital, welches für die Durchführung des betrieblichen Leistungsprozesses erforderlich ist.

Dieses wird mit dem sogenannten kalkulatorischen Zinssatz bewertet. Als Ergebnis erhält man die kalkulatorischen Zinsen. Die Höhe des Zinssatzes wird unternehmensindividuell festgesetzt. Unternehmen unterscheiden sich in diesem Zusammenhang regelmäßig in ihrer Kapitalstruktur, d. h. in der Zusammensetzung von Fremd- und Eigenkapital. Diese unterschiedlichen Kapitalstrukturen sollen sich möglichst nicht auf die Preiskalkulation auswirken. Anstatt der tatsächlich gezahlten Zinsen werden in der Kostenrechnung deshalb kalkulatorische Zinsen angesetzt, die sich nicht nur auf das Fremdkapital, sondern auf das gesamte im Unternehmen eingesetzte Kapital beziehen.

Um diesen Mischzinssatz zu berechnen ist es notwendig, anders als etwa die bereits aus dem externen Rechnungswesen ermittelbaren Fremdkapitalzinsen, mehr oder weniger fiktive Eigenkapitalzinsen zu bestimmen. Eine Orientierung erfolgt hierbei typischerweise an langfristigen Staatsanleihen zuzüglich eines branchenspezifischen Risikozuschlags, dem durchschnittlichen Zinssatz der aktuellen Fremdkapitalzinsen oder dem Zins des teuersten aufgenommenen Kredits.

Im Hinblick der Entscheidungsfundierung von Kosten, z. B. zur Findung eines angemessenen Verkaufspreises, erlaubt die Berechnung von kalkulatorischen Zinsen darüber hinaus die Abbildung eines notwendigen Mindestgewinns. Dem Opportunitätsgedanken folgend ist es möglich eine Investitionsauszahlung, z. B. für eine Maschine, auch in andere Anlageformen, wie z. B. Aktien, Staatsanleihen, etc. zu investieren. Ohne einen zu betreibenden wirtschaftlichen Produktionsaufwand hätte durch eine solche Anlagestrategie ebenfalls eine mehr oder weniger hohe Verzinsung und folglich ein Mehrertrag erreicht werden können. Um sicherzustellen, dass Investitionen in Betriebsmittel zumindest eine Verzinsung in Höhe einer geeigneten, nicht-produktiven Alternative erreichen, werden hierzu fiktive Zinsen in Höhe der jeweils besten entgangenen Alternative angesetzt (Opportunitätskosten).

Um ebenso wie in der Berechnung der kalkulatorischen Abschreibungen eine möglichst gleichmäßige Belastung durch kalkulatorische Zinsen zu ermöglichen, können kalkulatorische Zinsen mit der sogenannten Durchschnittswertmethode berechnet werden (Abb. 3.6). Hierbei wird das durchschnittlich gebundene Kapital pro Periode berechnet (AW + L: 2) und mit dem jeweilig angesetzten Zinssatz multipliziert.

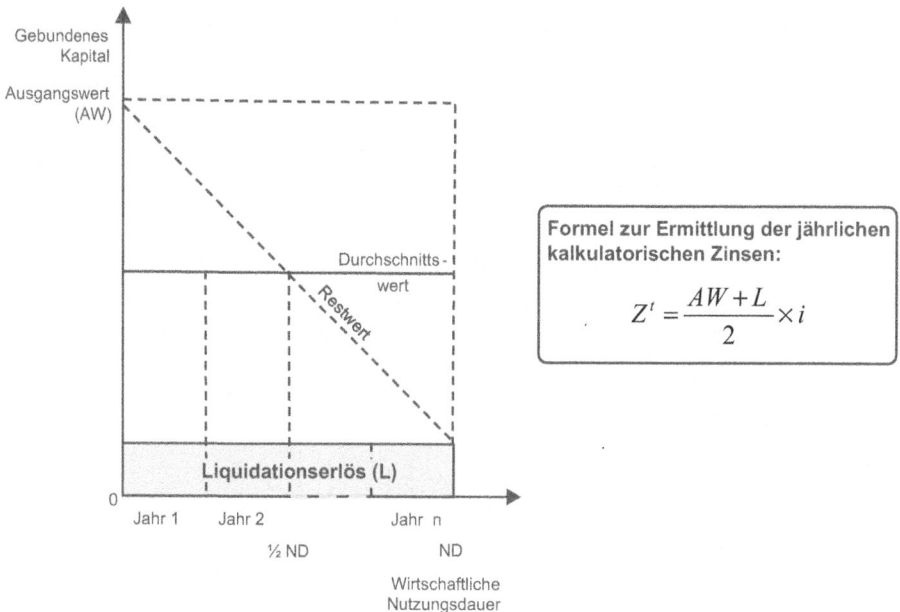

Abb. 3.6 Grafische Darstellung der Zinsberechnung nach der Durchschnittswertmethode

> Beispielaufgabe 3-3:
>
> Die Bike GmbH kauft eine neue Fertigungsmaschine, die **5 Jahre** lang genutzt werden soll. Am Ende der Nutzungsdauer will die Bike GmbH wieder eine neue Lackiermaschine zur **Fortführung der Produktion** anschaffen.
>
> Der heutige **Kaufpreis** der Maschine beträgt **120.000€**. In fünf Jahren wird sich dieser voraussichtlich um **20.000€** erhöht haben. Es wird ferner prognostiziert, dass eine heute gekaufte Lackiermaschine in fünf Jahren noch einen **Restwert** von **16.000€** aufweisen wird. Neben dem eigentlichen Kaufpreis der Maschine fallen für die **Montage** zusätzlich **10.000€** an. Diese Kosten werden sich in den nächsten 5 Jahren wahrscheinlich ebenfalls um **10% erhöhen**.
>
> Die Bike GmbH zahlt für ihre aufgenommenen Bankkredite durchschnittlich vier Prozent Fremdkapitalzinsen. Der von der Bike GmbH in der Kostenrechnung genutzte und gewichtete **Mischzinssatz** beträgt **sechs Prozent**.
>
> Berechnen Sie sowohl die jährlichen **kalkulatorischen Abschreibungen** auf Basis der **linearen Methode** als auch die jährlichen **kalkulatorischen Zinsen** auf Basis der **Durchschnittswertmethode**!

> **Lösung Beispielaufgabe 3-3:**
>
> *Lineare Abschreibung:*
>
> 1. Bestimmung des Ausgangswerts: Das Unternehmen will die Produktion fortführen, deswegen ist der Wiederbeschaffungswert in Höhe von 140.000 anzusetzen. Gleichzeitig fallen in fünf Jahren Montagekosten in Höhe von 11.000 € an (10.000 € + 10%).
>
> 2. Bestimmung des Liquidationserlöses: 16.000 €.
>
> 3. Bestimmung der Abschreibungsmethode: lineare Abschreibung gemäß Angabe.
>
> 4. Bestimmung der Nutzungsdauer: 5 Jahre.
>
> 5. Berechnung der jährlichen Abschreibungssummen:
>
> $$\frac{AW - L}{N} = \frac{151.000\,€ - 16.000\,€}{5} = 27.000\,€$$
>
> *Kalkulatorische Zinsen:*
>
> 1. Bestimmung des Ausgangswerts: Anschaffungskosten in Höhe von 120.000 €, da dies das gebundene Kapital durch die Maschine darstellt.
>
> 2. Bestimmung des Liquidationserlöses: 16.000 €.
>
> 3. Kosten der Montage: 10.000 €.
>
> 4. Bestimmung der Abschreibungsmethode: Durchschnittswertmethode gemäß Angabe.
>
> 5. Berechnung der jährlichen Zinsen:
>
> $$\frac{AW + L}{2} \times i = \frac{120.000\,€ + 10.000\,€ + 16.000\,€}{2} \times 0{,}06 = 4.380\,€$$

3.4 Kalkulatorische Wagnisse

Neben Material-, Personal- und Anlagekosten können in der Kostenrechnung ferner noch weitere kalkulatorische Kostenarten erfasst und bewertet werden. U. a. können hierunter die sogenannten kalkulatorischen Wagnisse subsumiert werden. Diese Kosten sollen die mit dem unternehmerischen Risiko einhergehenden Kosten abbilden.

Um wirtschaftliche Chancen nutzen zu können, müssen Unternehmen Risiken eingehen. Die Folge ist, dass Wagnisse in Kauf genommen werden, die aus der Ungewissheit

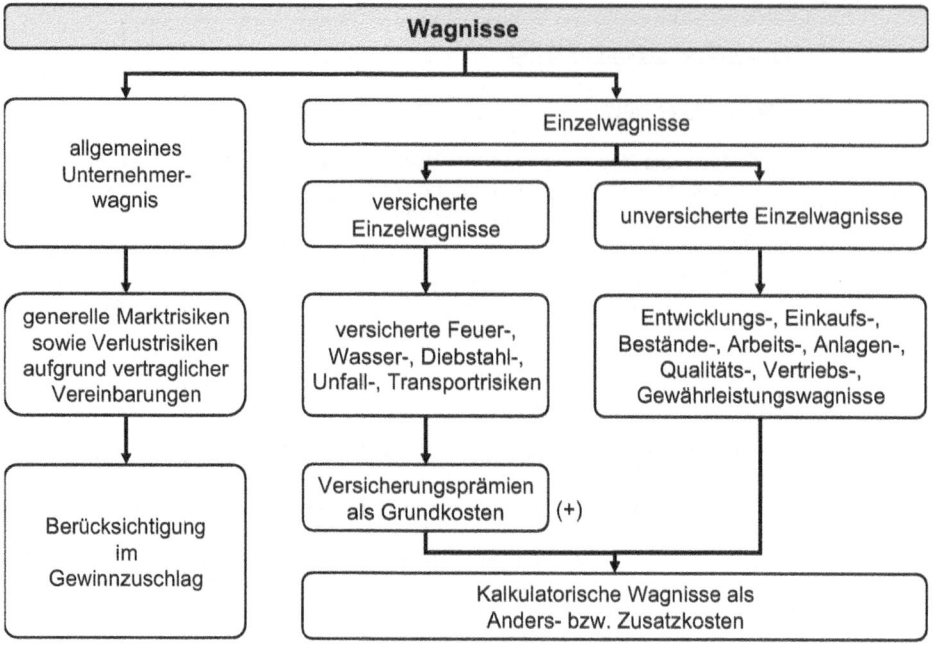

Abb. 3.7 Differenzierungsarten von Wagnissen

über zukünftige Entwicklungen resultieren. Die Kostenrechnung unterscheidet allgemeine Unternehmer- sowie spezielle Einzelwagnisse (Abb. 3.7).

Allgemeine Unternehmerwagnisse sind im Gegensatz zu den speziellen Einzelwagnissen nur wenig konkretisierbar und in ihrem Ausmaß nur schwer zu prognostizieren. Zu diesen Wagnissen zählen vor allem Nachfrageverschiebungen und Konjunkturschwankungen. Für diese allgemeinen Risiken werden keine Wagniskosten angesetzt. Sie werden durch den Gewinnzuschlag berücksichtigt.

Einzelwagnisse sind kalkulierbare Risiken im Bereich Entwicklung, Beschaffung, Produktion oder Vertrieb. Zur Absicherung einzeln bestimmbarer Wagnisse können Versicherungen abgeschlossen werden. Die dafür anfallenden Versicherungsprämien gehen als Grundkosten direkt in die Kostenartenrechnung ein. Für unversicherte Wagnisse werden kalkulatorische Wagnisse als Anders- bzw. Zusatzkosten angesetzt. Diese lassen sich meist aus Erfahrungen ableiten, die in der Vergangenheit gesammelt wurden.

3.5 Zusammenfassung

- Als initiierender Teilbereich der Kostenrechnung unternimmt die Kostenartenrechnung idealerweise eine systematische, überschneidungsfreie sowie vollständige Erfassung, Bewertung und Einordnung entstandener Kosten vor.

- Zentrales Instrument einer solchen Kostenerfassung stellt dafür der sogenannte Kostenartenplan dar. Dieser versucht, möglichst vollständig, eindeutig und übersichtlich, den im Unternehmen angefallenen Wertverzehr in Menge und Wert schriftlich zu dokumentieren.
- Wesentliche Systematisierungsdimensionen von Kosten können der Faktorsystematik von *Gutenberg* entnommen werden. Kosten lassen sich demnach hauptsächlich in Material-, Personal- sowie Kapitalkosten untergliedern.
- Zentrale Verfahren zur Bestimmung des Materialverbrauchs sind hierfür das Näherungs-, das Materialentnahmeschein-, das Inventur- sowie das Stücklistenverfahren.
- Das LIFO- sowie das FIFO-Verfahren dienen ferner der Bewertung des ermittelten Materialverbrauchs und unterstellen hierfür eine spezifische Verbrauchsreihenfolge (Verbrauchsfolgeverfahren).
- Personalkosten setzen sich hauptsächlich aus Lohnkosten, Gehaltskosten sowie Sonderentgelten zusammen.
- Kapitalkosten umfassen gemeinhin die sogenannten kalkulatorischen Abschreibungen sowie die kalkulatorischen Zinsen.
- Die kalkulatorischen Abschreibungen dienen hauptsächlich der Abbildung des mit der Nutzungsdauer einhergehenden Wertverlustes von Anlagegütern.
- Kalkulatorische Zinsen wiederum dienen der Abbildung der Kosten für die Inanspruchnahme des betriebsnotwendigen Kapitals.
- Gleichzeitig können mit kalkulatorischen Zinsen zur Entscheidungsfundierung entgangene Gewinne (Opportunitätskosten) nicht gewählter Investitionsmöglichkeiten dargestellt werden.
- Neben Kosten, die durch die betrieblichen Einsatzfaktoren Personal, Material und Kapital entstehen, bilden sogenannte kalkulatorische Wagnisse kalkulierbare Risiken unternehmerischen Handelns in Kostengrößen ab.

Weiterführende Literatur

Becker, W. (2000). Lexikon zur Kosten-, Erlös- und Ergebnisrechnung. In *Bamberger Betriebswirtschaftliche Beiträge* (Bd. 126). Bamberg: Otto-Friedrich Univ.
Coenenberg, A. G., Fischer, T. M., & Günther, T. (2016). *Kostenrechnung und Kostenanalyse* (9. Aufl.). Stuttgart: Schäffer-Pöschel Verlag.
Deimel, K., Isemann, R., & Müller, S. (2006). *Kosten- und Erlösrechnung*. München: Pearson-Verlag.
Friedl, B. (2010). *Kostenrechnung* (2. überarb. und erw. Aufl.). München: Oldenbourg.
Friedl, G., Hofmann, C., & Pedell, B. (2013). *Kostenrechnung* (2., überab. Aufl.). München: Vahlen.

Aufbau und Methoden der Kostenstellenrechnung

4.1 Begriff und Funktion der Kostenstellenrechnung

Die Kostenstellenrechnung zeichnet auf, welche Kosten in einzelnen Teilbereichen eines Unternehmens innerhalb einer Abrechnungsperiode anfallen. Kostenstellen sind dabei Orte der Kostenentstehung, welche innerhalb der Kostenstellenrechnung selbstständige Abrechnungseinheiten bilden. Neben der örtlichen Erfassung von Kosten werden in der Kostenstellenrechnung ferner die den Absatzleistungen nicht direkt zurechenbaren Kostenträgergemeinkosten für die Weiterverrechnung aufbereitet. Die Kostenstellenrechnung stellt damit ein wesentliches Bindeglied zwischen der Kostenarten- und der Kostenträgerrechnung dar.

Neben der Abgrenzung von Verantwortungsbereichen und damit zur kostenorientierten Steuerung eines Unternehmens dient die Kostenstellenrechnung im Wesentlichen der Weiterverrechnung von Gemeinkosten. Um beiden Zielsetzungen gerecht zu werden, sollte die Bildung von Kostenstellen folgenden Prinzipien entsprechen:

- *Übereinstimmung von Kostenstelle und Verantwortungsbereich*, da nur so eine Beeinflussbarkeit des Kostenstellenleiters sichergestellt werden kann.
- *Vollständigkeit und Eindeutigkeit*, zur Vermeidung von Bereichen die entweder keinen oder mehrere Verantwortliche besitzen.
- *Homogenität der Kostenverursachung*, um eine möglichst ursachengerechte Weiterverrechnung der Gemeinkosten auf Kostenträger sicherstellen zu können.
- *Wirtschaftlichkeit*, da eine zu detaillierte Aufteilung immer mit dem einhergehenden Erfassungsaufwand gegenüberzustellen ist.

Im Hinblick auf der in der Kostenrechnung angestrebten möglichst verursachungsgerechten Verteilung der Gemeinkosten auf die Kostenträger wird zumeist auf eine Untergliederung der Kostenstellen nach produktionstechnischen und/oder rechentechnischen Aspekten vorgenommen.

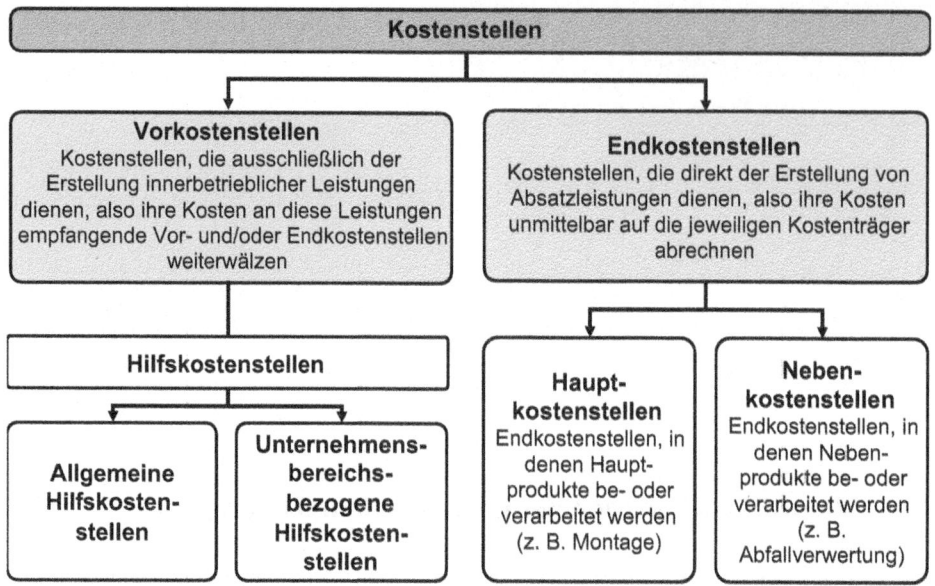

Abb. 4.1 Differenzierungstypen von Kostenstellen

Aufgrund der Tatsache, dass zumeist Kostenstellen gebildet werden müssen, die ihre Leistung nicht direkt am Endprodukt (Endkostenstellen), sondern im Sinne von notwendigen Vorleistungen (Vorkostenstellen) erbringen, ist es notwendig zwischen verschiedenen Arten von Kostenstellen zu unterscheiden. Im Hinblick auf rechentechnische Aspekte können Kostenstellen dabei in Vor- und Endkostenstellen unterschieden werden (Abb. 4.1).

4.2 Die Trennung in Vor- und Endkostenstellen

Vorkostenstellen dienen ausschließlich der Erstellung innerbetrieblicher Leistungen. Sie geben ihre Leistung nicht unmittelbar an die Kostenträger, sondern an andere Kostenstellen ab. Ihre Kosten werden vollständig auf die von ihnen belieferten Kostenstellen weitergewälzt. Da Vorkostenstellen nur eine Hilfsfunktion ausüben, werden sie aus produktionsorientierter Sicht auch *Hilfskostenstellen* genannt. *Allgemeine Hilfskostenstellen* dienen dem Gesamtbetrieb und stellen ihre Leistungen prinzipiell allen anderen Kostenstellen zur Verfügung (z. B. Fuhrpark, Energieversorgung, Grundstücke und Gebäude). Demgegenüber stehen *unternehmensbereichsbezogene Hilfskostenstellen*, die nur für einzelne Unternehmensbereiche (etwa dem Fertigungsbereich) Leistungen erbringen (z. B. Arbeitsvorbereitung, Instandhaltung).

Endkostenstellen dienen im Gegensatz dazu direkt der Erstellung und Verwertung von Absatzleistungen. Ihre Kosten werden unmittelbar auf die jeweiligen Kostenträger abgerechnet. Aus produktionsorientierter Sicht lassen sie sich in Haupt- und Nebenkostenstellen unterscheiden. *Hauptkostenstellen*, zu denen z. B. Einkaufs-, Fertigungs-, Vertriebs- und Verwaltungskostenstellen zählen, be- und verarbeiten Hauptprodukte beziehungsweise

4.2 Die Trennung in Vor- und Endkostenstellen

Bike GmbH	01	02	03	04	05	06	07	08	09	10
BAB Kostenerfassung	Hilfs-stoffe	Betriebs-stoffe	Hilfs-löhne	Gehälter	Sonder-ent-gelte	Kalk. Ab-schrei-bungen	Kalk. Zinsen	Mieten	Sonstige primäre Gemein-kosten	Summe primäre Gemein-kosten
Dimension	(T EUR)	(T EUR)	(T EUR)	(T EUR)	(T EUR)	(T EUR)	(T EUR)	(T EUR)	(T EUR)	(T EUR)
Summe	84,0	102,0	251	660,0	10,0	214,0	91,0	190,0	237,0	1.839,0
01 Gebäude	1,0	3,0	0,0	0,0	0,0	64,0	52,0	125,0	31,0	276,0
02 Einkauf	5,0	3,0	28,0	132,0	0,0	30,0	8,0	59,0	29,0	294,0
03 Arbeitsvorbereitung	7,0	0,0	11,0	65,0	0,0	4,0	1,0	0,0	38,0	126,0
04 Instandhaltung	9,0	10,0	79,0	47,0	0,0	4,0	1,0	0,0	12,0	162,0
05 Rahmenbau	21,0	30,0	32,0	48,0	0,0	38,0	10,0	0,0	21,0	200,0
06 Lackiererei	13,0	29,0	12,0	44,0	0,0	35,0	8,0	0,0	22,0	163,0
07 Räderbau	9,0	11,0	10,0	24,0	0,0	16,0	5,0	0,0	1,0	76,0
08 Montage	19,0	15,0	27,0	48,0	0,0	12,0	3,0	0,0	19,0	143,0
09 Vertrieb	0,0	0,0	30,0	72,0	0,0	4,0	1,0	0,0	19,0	126,0
10 Verwaltung	0,0	1,0	22,0	180,0	10,0	7,0	2,0	6,0	45,0	273,0

Abb. 4.2 Beispielhafter BAB

verwerten diese. *Nebenkostenstellen* be- und verarbeiten Nebenprodukte, die nicht zum eigentlichen Produktionsprogramm gehören (Abfall- oder Kuppelprodukte).

In ihrer Gesamtheit und u.U. in Abhängigkeit ihrer Leistungsbeziehungen können die gesamten Kostenstellen eines Unternehmens in einem Kostenstellenplan zusammengefasst werden. Dieser enthält eine systematische und unternehmensindividuelle Kostenstelleneinteilung. Im Gegensatz zum Kostenartenplan, der sich regelmäßig an branchenbezogene Vorschläge anlehnt, muss der Kostenstellenplan immer genau auf die unternehmensspezifischen Gegebenheiten ausgerichtet sein.

Zentrales Problem der Kostenstellenrechnung liegt in einer möglichst sinnvollen Verrechnung der in der Kostenartenrechnung ermittelten Gemeinkosten auf die Kostenträger des Unternehmens. Diese Verrechnung erfolgt dabei innerhalb der Kostenstellenrechnung in drei aufeinanderfolgenden Schritten:

- Zunächst ist es notwendig, die ermittelten Gemeinkosten auf die einzelnen Kostenstellen zu verteilen.
- Ferner ist es erforderlich, die Kosten der Vorkostenstellen auf die Endkostenstellen weiter zu verrechnen.
- Abschließend werden die nun gänzlich auf den Endkostenstellen befindlichen Kosten auf die Kostenträger mit Hilfe von Zuschlags- oder Verrechnungssätzen weiterverrechnet.

Die im ersten Schritt zu vollziehende Verteilung der Gemeinkosten auf die Kostenstellen wird zumeist mit Hilfe eines sogenannten *Betriebsabrechnungsbogens* (BAB) abgewickelt. Der BAB ist eine Tabelle, in der die Kostenarten den Kostenstellen gegenübergestellt sind (Abb. 4.2).

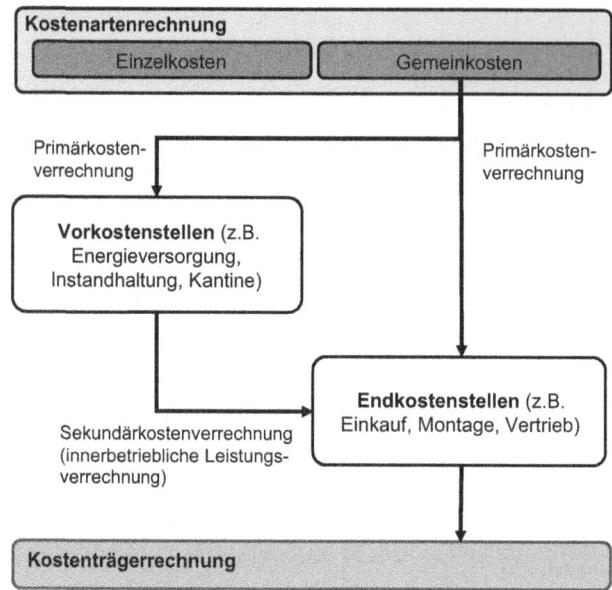

Abb. 4.3 Abrechnungsschema der Kostenstellenrechnung

Hierbei werden zunächst die *primären Gemeinkosten* der einzelnen Kostenstellen erfasst (vgl. Abb. 4.3). Als primäre Gemeinkosten gelten dabei solche Kosten, die den Kostenstellen direkt, ohne den Zwischenschritt der innerbetrieblichen Leistung, zugeordnet werden können. *Sekundäre Gemeinkosten* im Gegenzug, sind solche Kosten, die den (End-)Kostenstellen nur über den Weg der innerbetrieblichen Leistungsverrechnung zugeordnet werden. Die innerbetriebliche Leistungsverrechnung hat folglich zum Ziel, die primären Kosten der Vorkostenstellen in sekundäre Kosten der Endkostenstellen zu wandeln. Hierbei können je nach Ausgestaltung der Kostenstellenbeziehung verschiedene Verfahren angewendet werden, die im Folgenden kurz vorgestellt werden.

4.3 Ablauf der innerbetrieblichen Leistungsverrechnung

Wie dargestellt, erfolgt nach der Erfassung der primären Kostenträgergemeinkosten in einem zweiten Schritt die Verrechnung der Kosten innerbetrieblicher Leistungen. Ziel ist es hierbei, die für die Vorkostenstellen ermittelten Kosten auf die Endkostenstellen des Unternehmens weiterzuwälzen, da nur diese direkt an der Erstellung von Absatzleistungen beteiligt sind.

Im Rahmen der Weiterwälzung der Kosten sollte man zwischen *Verrechnungen* und *Umlagen* differenzieren. In diesem Zusammenhang muss die Frage geklärt werden, ob messbare oder nicht messbare Einzelleistungen vorliegen und ob messbare Einzelleistungen, bspw. aufgrund von Wirtschaftlichkeitsüberlegungen, überhaupt gemessen werden sollen. Die Kosten der tatsächlich gemessenen Einzelleistungen werden auf Basis der

4.3 Ablauf der innerbetrieblichen Leistungsverrechnung

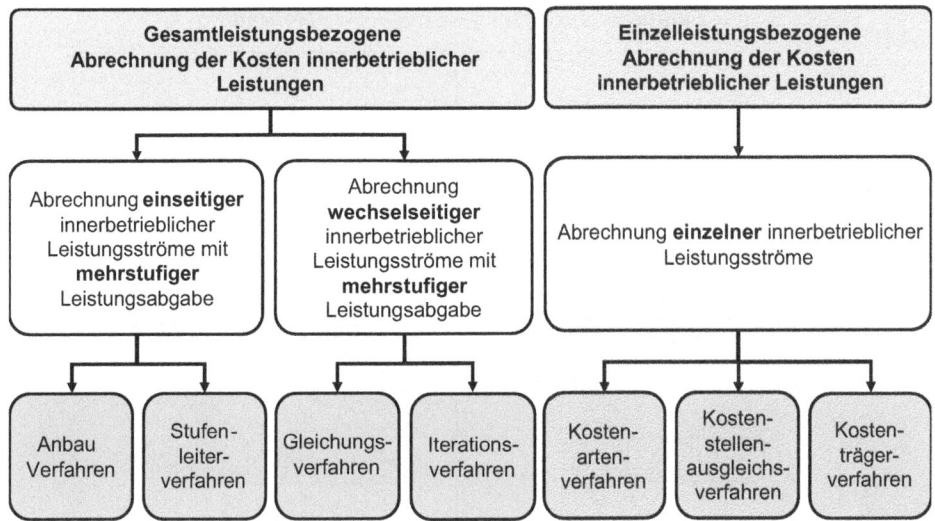

Abb. 4.4 Verfahren der innerbetrieblichen Leistungsverrechnung

Gesamt- oder Einzelleistungen *verrechnet*. Im Falle nicht messbarer sowie nicht gemessener Einzelleistungen erfolgt mit Hilfe von Wert- oder Mengenschlüsseln eine *Umlage* der Kosten (Abb. 4.4).

Für die Durchführung der Verrechnung der Kosten innerbetrieblicher Leistungen gibt es kein einheitliches Verfahren. Die Verrechnung der sekundären Kosten richtet sich grundsätzlich nach Art und Umfang der innerbetrieblichen Leistungsverflechtung. Abb. 4.5 stellt schematisch die verschiedenen Möglichkeiten der innerbetrieblichen Leistungsverflechtung dar.

Die zentrale Problematik der innerbetrieblichen Leistungsverrechnung ergibt sich vornehmlich aus wechselseitigen Leistungsbeziehungen. So ist es beispielsweise möglich, dass eine Kostenstelle Vorleistungen für eine andere Kostenstelle erbringt, aber gleichzeitig selbst wiederum von dieser nachgelagerten Kostenstelle Leistungen empfängt. Z. B. kann die Vorkostenstelle „Kantine" Leistungen (z. B. in Form von Mahlzeiten) für die Kostenstelle „Reparatur" erbringen, aber gleichzeitig wiederum Reparaturleistungen für die Instandhaltung der Küchenmaschinen empfangen.

Problematisch erweist sich in einem solchen Fall die Ermittlung der weiter zu verrechnenden Gesamtkosten der einzelnen Vorkostenstellen. Diese sind nur dann bestimmbar, wenn die Kosten der von der die Vorleistung erbringenden Kostenstelle mit einkalkuliert werden. Allerdings sind die Kosten von der Vorleistung erbringenden Kostenstellen selbst nur dann zu ermitteln, wenn auch die anfallenden Kosten für die in Empfang genommenen Leistungen bekannt sind. Diese sind allerdings wiederum selbst von der nachgelagerten Kostenstelle abhängig. Der damit entstehende logische „Zirkelschluss" ist entweder durch Vereinfachung (Stufenleiterverfahren), mathematische Annäherung (Iterationsverfahren) oder einem linearen Gleichungssystem (Gleichungsverfahren) aufzulösen.

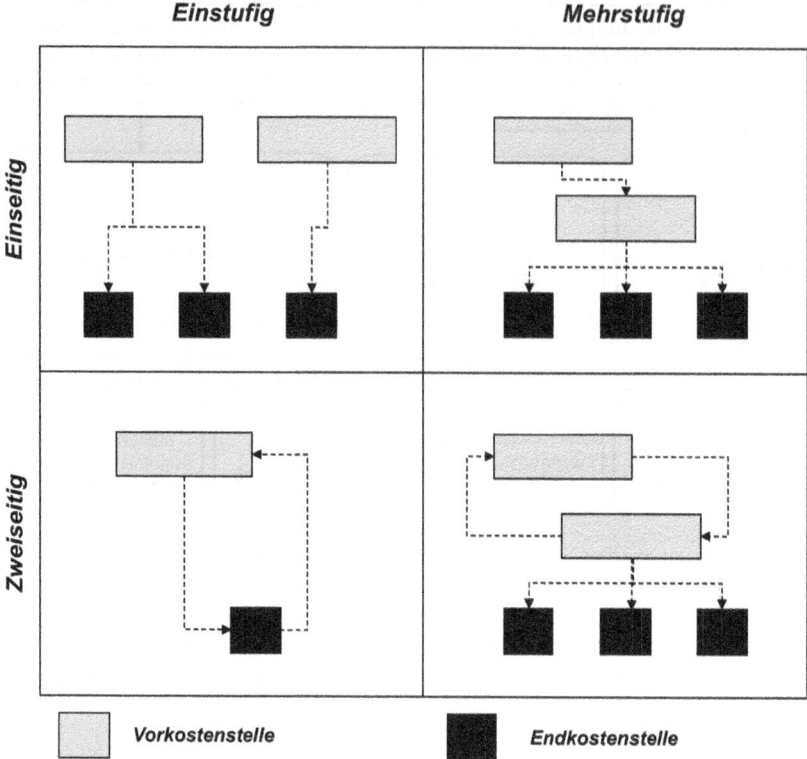

Abb. 4.5 Kostenstellenbeziehung

4.4 Das Stufenleiterverfahren

Das *Stufenleiterverfahren* dient dem Grundprinzip nach der Abrechnung einseitiger innerbetrieblicher Leistungsströme mit mehrstufiger Leistungsabgabe (siehe Quadrant rechts-oben in Abb. 4.5). Es handelt sich um ein Verfahren, das abrechnungstechnisch eine eindeutige Reihenfolge des Leistungsstroms voraussetzt und stufenweise zunächst die primären Kosten der allgemeinen Hilfskostenstellen und dann die resultierenden Summen der primären und sekundären Kosten der bereichsbezogenen Hilfskostenstellen auf Endkostenstellen abrechnet. Beim Stufenleiterverfahren werden nur einseitige Leistungsbeziehungen der Kostenstellen erfasst.

Will man das Stufenleiterverfahren zur Verrechnung wechselseitiger Leistungsverflechtungen nutzen, so ist hiermit nur ein Näherungswert bestimmbar. Prinzipiell werden im Stufenleiterverfahren dabei in einer festen Abrechnungsreihenfolge die einzelnen Vorkostenstellen nacheinander abgerechnet. Mögliche Rückrechnungen werden bewusst ignoriert.

4.4 Das Stufenleiterverfahren

Um trotz alledem ein möglichst sinnvolles Ergebnis zu erhalten, ist es notwendig, die dadurch entstehenden Fehlbeträge möglichst klein zu halten. Aus diesem Grund ist es notwendig diejenige Kostenstelle als erstes abzurechnen, die wertmäßig die geringsten Kosten von anderen Vorkostenstellen bezieht. Je höher die empfangenen Kosten einer Vorkostenstelle sind, desto später ist diese abzurechnen.

Beispielaufgabe 4-1:

Die nachfolgende Abbildung stellt in grafischer Form die Leistungsbeziehungen zwischen den beiden Vorkostenstellen Energieversorgung (EV) und Flächen & Gebäude (FG) sowie der Endkostenstelle Produktion (P) in der Sunshine AG dar. Andere Vorkostenstellen existieren nicht, weitere Endkostenstellen sind nicht dargestellt und folglich nicht zu beachten.

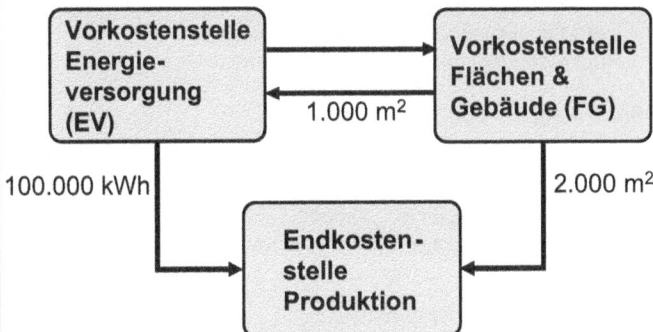

Die Vorkostenstelle EV erbringt insgesamt eine Leistung von **400.000 kWh**, die Vorkostenstelle FG erbringt insgesamt eine Leistung von **6000 m²**. Die primären Kosten der drei Kostenstellen weisen folgende Werte auf:

- Vorkostenstelle EV: **60.000 €**
- Vorkostenstelle FG: **60.000 €**
- Endkostenstelle P: **280.000 €**

Führen Sie die innerbetriebliche Leistungsverrechnung nach dem **Stufenleiterverfahren** durch.

> **Lösung Beispielaufgabe 4-1:**
>
> 1. Bestimmung der Abrechnungsreihenfolge durch Bildung vorläufiger Verrechnungssätze:
>
> $$V_{EV} = \frac{Primäre\ Kosten}{Gesamtleistung} = \frac{60.000€}{400.000\ kWh} = 0{,}15€/kWh$$
>
> Erhaltene und bewertete Leistung für FG:
> 0,15€/kWh x 50.000 kWh = 7.500€
>
> $$V_{FG} = \frac{Primäre\ Kosten}{Gesamtleistung} = \frac{60.000€}{6.000\ m^2} = 10€/m^2$$
>
> Erhaltene und bewertete Leistung für EV:
> 10€/m² x 1.000m² = 10.000€
>
> → FG erhält weniger bewertete Leistung und wird deswegen zuerst abgerechnet! (Hier ist der fehlende Rückrechnungsbetrag am Geringsten)
>
> 2. Abrechnung der Vorkostenstelle FG:
>
> $$V_{FG} = 10€/m^2$$
>
> → Weiterverrechnung an EV: 10.000€
> → Weiterverrechnung an P: 10€/m² x 2.000m² = 20.000€
>
> 3. Abrechnung der Vorkostenstelle EV:
>
> $$V_{EV} = \frac{Prim.+sek.Kosten}{Gesamtleistung} = \frac{70.000€}{350.000\ kWh} = 0{,}20€/kWh$$
>
> → Vorsicht: Es werden nunmehr nur noch 350.000 kWh an die nachgelagerten Endkostenstellen weiterverrechnet!
> → Weiterverrechnung an P: 0,20€/kWh x 100.000 kWh = 20.000€
> → Gesamtkosten P: 320.000€

4.5 Das Gleichungsverfahren

Die exakteste Möglichkeit wechselseitige Leistungsverflechtungen abzubilden bietet das sogenannte *Gleichungsverfahren*. Dazu müssen die Kosten sämtlicher innerbetrieblicher Leistungen gleichzeitig verrechnet werden. Dies erfolgt mit Hilfe eines linearen Gleichungssystems. Die Anzahl der linearen Gleichungen, in denen die ausgetauschten

Grundaufbau des linearen Gleichungssystems zur Abbildung der innerbetrieblichen Leistungsverflechtung

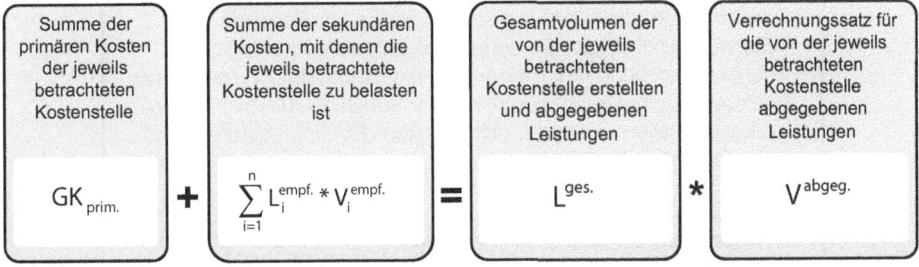

Abb. 4.6 Grundschema des Gleichungsverfahren

Mengeneinheiten bekannt, die Verrechnungspreise dagegen unbekannt sind, entspricht der Anzahl der in die Verrechnung einbezogenen Kostenstellen. Soll etwa die Leistungsverflechtung zwischen drei Vorkostenstellen abgebildet werden, sind entsprechend drei Gleichungen aufzustellen.

In einer Gleichung wird für jede Kostenstelle die Kostenbelastung (primäre Gemeinkosten und sekundäre empfangene Gemeinkosten) der Kostenentlastung (Wert der erstellten Leistung) gegenübergestellt (Abb. 4.6).

Das Gleichungsverfahren zeichnet sich durch die umfassende Berücksichtigung wechselseitiger Leistungsverflechtungen aus und ist somit im Vergleich zum Stufenleiterverfahren eine wesentlich leistungsfähigere und genauere Methode der innerbetrieblichen Leistungsverrechnung. Allerdings ist das Gleichungsverfahren vor allem in größeren Unternehmen trotz EDV-Unterstützung mit erheblichem Aufwand verbunden.

Nach der Ermittlung der sich aus primären und sekundären Kosten zusammensetzenden Gesamtkosten der Endkostenstellen erfolgt in einem dritten Schritt der Kostenstellenrechnung die Bildung von Kalkulationssätzen für die Abrechnung der einzelnen Kostenträger. In diesem Zusammenhang muss sich die Kostenstellenrechnung an den Methoden der Kostenträgerrechnung, die im Folgenden näher betrachtet wird, orientieren und demgemäß die Kalkulation vorbereiten.

Beispielaufgabe 4-2:

Die nachfolgende Abbildung stellt in grafischer Form die Leistungsbeziehungen zwischen den beiden Vorkostenstellen Energieversorgung (EV) und Flächen & Gebäude (FG) sowie der Endkostenstelle Produktion (P) in der Sunshine AG dar. Andere Vorkostenstellen existieren nicht, weitere Endkostenstellen sind nicht dargestellt und folglich nicht zu beachten.

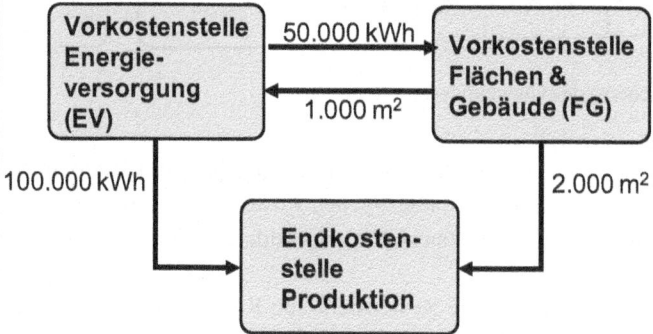

Die Vorkostenstelle EV erbringt insgesamt eine Leistung von **400.000 kWh**, die Vorkostenstelle FG erbringt insgesamt eine Leistung von **6000 m²**. Die primären Kosten der drei Kostenstellen weisen folgende Werte auf:

- Vorkostenstelle EV: **60.000 €**

- Vorkostenstelle FG: **60.000 €**

- Endkostenstelle P: **280.000 €**

Führen Sie die innerbetriebliche Leistungsverrechnung nach dem **Gleichungsverfahren** durch.

> **Lösung Beispielaufgabe 4-2:**
>
> 1. *Aufstellen des linearen Gleichungssystems:*
>
>   Allgemein: Kostenzufluss = Kostenabfluss
>
>   FG: $60.000€ + 50.000\text{kWh} \times V_{EV} = 6.000\text{m}^2 \times V_{FG}$
>
>   EV: $60.000€ + 1.000\text{m}^2 \times V_{EV} = 400.000\text{kWh} \times V_{EV}$
>
> 2. *Auflösen des linearen Gleichungssystems:*
>
>   EV: $0{,}15€/\text{kWh} + 0{,}0025\text{m}^2/\text{kWh} \times V_{FG} = V_{EV}$
>
>   *Einsetzen von EV in FG*
>
>   FG: $60.000€ + 50.000\text{kWh}\,(0{,}15€/\text{kWh} + 0{,}0025\text{m}^2/\text{kWh} \times V_{FG}) = 6.000\text{m}^2 \times V_{FG}$
>
> $60.000€ + 7.500€ + 125\text{m}^2 \times V_{FG} = 6.000\text{m}^2 \times V_{FG}$
>
> $67.500€ = 5875\text{m}^2 \times V_{FG}$
>
> $V_{FG} \approx 11{,}49\ €/\text{m}^2$
>
> $V_{EV} \approx 0{,}18\ €/\text{kWh}$
>
> 3. *Bestimmung der Gesamtkosten der Endkostenstelle:*
>
>   EV: $280.000€ + 18.000€ + 22.980€ = 320.980€$

4.6 Zusammenfassung

- Die wesentlichen Ziele der Kostenstellenrechnung liegen in der Abgrenzung kostenmäßiger Verantwortungsbereiche sowie in der Weiterverrechnung der nicht direkt den Kostenträgern zurechenbaren Gemeinkosten.
- Aufgrund der Aufbereitung der Gemeinkosten für die spätere Kostenträgerrechnung stellt die Kostenstellenrechnung ein wesentliches Bindeglied zwischen der Kostenarten- und der Kostenstellenrechnung dar.
- Im Sinne der Weiterverrechnung der Gemeinkosten kann innerhalb der Kostenstellenrechnung zwischen sogenannten Vor- und Endkostenstellen unterschieden werden.

- Während Endkostenstellen Gemeinkosten erfassen, die direkt an der Erstellung von Absatzleistungen beteiligt sind, werden in Vorkostenstellen solche Gemeinkosten erfasst, die aufgrund der Erbringung sogenannter Vorleistungen entstehen.
- Gemeinkosten der Vorkostenstellen müssen in diesem Zusammenhang im Sinne der innerbetrieblichen Leistungsverrechnung auf die Endkostenstellen weiterverrechnet werden.
- Hierfür werden primäre Kosten der Vorkostenstellen in sekundäre Kosten der Endkostenstellen umgewandelt.
- Zentrale Verfahren der innerbetrieblichen Leistungsverrechnung sind das Anbau-, das Stufenleiter-, das Gleichungs- sowie das Iterationsverfahren.
- Die Wahl des jeweiligen Verfahrens ist dabei abhängig von der jeweiligen Art der Kostenstellenbeziehung (einstufig vs. mehrstufig, einseitig vs. wechselseitig).
- Das zentrale Problem der Kostenstellenrechnung ergibt sich aus mehrstufigen und wechselseitigen Kostenstellenbeziehungen. Während das Stufenleiter- sowie das Iterationsverfahren Näherungslösungen für dieses Problem liefern, bietet das Gleichungsverfahren die exakteste Methode der Abrechnung innerbetrieblicher Leistungen.

Weiterführende Literatur

Coenenberg, A. G., Fischer, T. M., & Günther, T. (2016). *Kostenrechnung und Kostenanalyse* (9. Aufl.). Stuttgart: Schäffer-Poeschel Verlag.

Deimel, K., Isemann, R., & Müller, S. (2006). *Kosten- und Erlösrechnung*. München: Pearson.

Friedl, B. (2010). *Kostenrechnung* (2. überarb. und erw. Aufl.). München: Oldenbourg Wissenschaftsverlag.

Friedl, G., Hofmann, C., & Pedell, B. (2013). *Kostenrechnung* (2. überarb. Aufl.).. München: Verlag Vahlen.

Hummel, S., & Männel, W. (1986). *Kostenrechnung 1: Grundlagen, Aufbau und Anwendung* (4. Aufl.). Wiesbaden: Dr. Th: Gabler Verlag.

Aufbau und Methoden der Kostenträgerrechnung 5

Als letzte Stufe der Kostenrechnung weist die Kostenträgerrechnung die zunächst in der Kostenartenrechnung erfassten, und teilweise über die Kostenstellenrechnung weiterverrechneten Kosten für die einzelnen Kostenträger und Kostenträgergruppen (Kostenträgerstückrechnung) beziehungsweise für die Abrechnungsperioden (Kostenträgerzeitrechnung) eines Unternehmens aus. Kostenträger sind dabei als betriebliche Leistungen zu verstehen, welche den Güterverbrauch im Unternehmen auslösen.

Während die Kostenträgerstückrechnung (Kalkulation) für eine einzelne Einheit eines Kostenträgers (z. B. Produkt) oder eine abgrenzbare Kostenträgergruppe (z. B. Produktgruppe) die Kosten ermittelt, bestimmt die Kostenträgerzeitrechnung die gesamten Kosten für alle in einer Periode (z. B. Jahr) hergestellten und verkauften Kostenträger.

Als Hauptaufgaben der Kostenträgerrechnung können folgende Aspekte genannt werden:

- Ermittlung von Angebotspreisen und/oder kostenmäßigen Preisuntergrenzen.
- Bewertung von Beständen an Halbfertig- und Fertigfabrikaten.
- Informationsversorgung für kostenträgerbezogene Plan-Ist-Vergleiche.
- Planung, Steuerung und Analyse des Produktions- und Absatzprogramms.

Als Verfahren der Kostenträgerrechnung können die Divisions-, die Äquivalenzziffern-, die Zuschlags- und die Verrechnungssatzkalkulation sowie die Verfahren zur Berechnung von Kuppelprodukten (Restwert- und Schlüsselungskalkulation) unterschieden werden. Die Entscheidung, welches Kalkulationsverfahren im Speziellen angewendet wird, hängt in erster Linie von der Art der Fertigung und der Anzahl an hergestellten Produkten ab (Abb. 5.1). So wird man im Falle der Massenfertigung homogener Absatzleistungen auf eine Divisionskalkulation zurückgreifen. Im Falle eher heterogener Absatzleistungen, wie sie in der Serien-, Sorten- und Einzelfertigung entstehen, sollte dagegen entweder

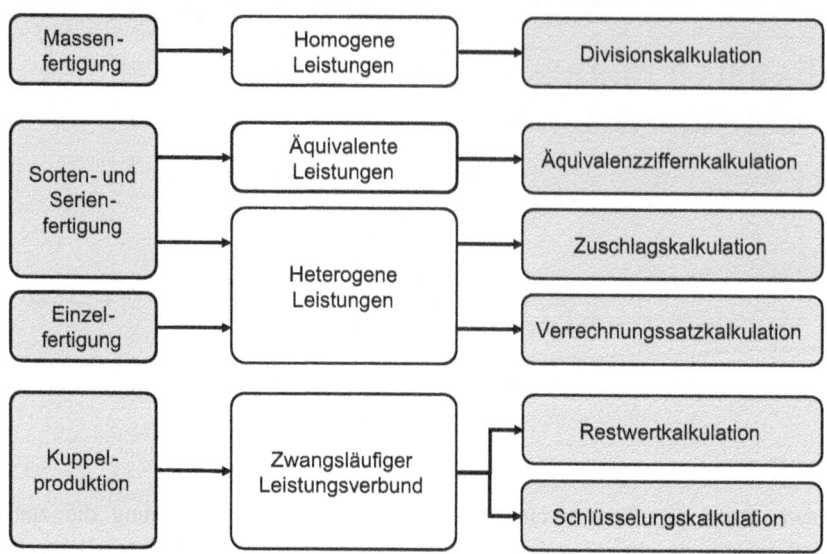

Abb. 5.1 Verfahren der Kalkulation

die Äquivalenzziffern-, die Zuschlags- oder auch die Verrechnungssatzkalkulationen Anwendung finden. Einen Sonderfall bilden die bei *Kuppelproduktionen* anzuwendenden Restwert- beziehungsweise Schlüsselungskalkulationen.

5.1 Divisionskalkulation

Um mittels der Divisionskalkulation die Kosten pro Leistungseinheit zu ermitteln, dividiert man die gesamten während einer Abrechnungsperiode angefallenen Kosten durch die in dieser Periode entstandene, gesamte Leistungsmenge. Dadurch werden die Periodenkosten unmittelbar in Stückkosten umgerechnet. Das Grundprinzip der Divisionskalkulation beruht folglich auf einer Durchschnittsbetrachtung.

Aufgrund ihrer Einfachheit ist die Anwendung der Divisionskalkulation allerdings an besonders strenge Voraussetzungen geknüpft. Vornehmlich ist sie auf Einproduktbetriebe ausgerichtet, die Erzeugnisse längerfristig in gleichbleibender, einheitlicher Massenfertigung herstellen. Nur wenn sichergestellt werden kann, dass jedes einzelne Produkt den gleichen Wertverzehr verursacht, ist es sinnvoll die Kosten in gleicher Höhe auf die einzelnen Produkte zu verteilen. Existieren allerdings verschiedene Produkte, die einen unterschiedlich hohen Wertverzehr verursachen, kann eine Gleichverteilung der Kosten keine nachvollziehbaren Ergebnisse liefern.

Innerhalb der Divisionskalkulation lässt sich die einstufige von der mehrstufigen Divisionskalkulation unterscheiden. Während die einstufige Divisionskalkulation dem obigen Prinzip folgend, die Gesamtkosten einer Periode durch die in dieser Zeit produzierte Menge dividiert, wird in der mehrstufigen Divisionskalkulation kostenstellenweise bzw. produktionsstufenorientiert vorgegangen. So werden in der mehrstufigen Divisionskalkulation nicht mehr alle Kosten durch alle Leistungseinheiten geteilt, sondern die Gesamtkosten auf die einzelnen Produktionsstufen verteilt. Pro Produktionsstufe werden sodann die gesamten, dort angefallenen Kosten durch die Anzahl an Produkten dividiert, die die jeweilige Produktionsstufe durchlaufen haben. Durch eine solche mehrstufige Herangehensweise lassen sich z. B. fertige von unfertigen Erzeugnissen in ihrer Kostenhöhe unterscheiden.

Der wesentliche Vorteil der Divisionskalkulation liegt in ihrer sehr einfachen Handhabe und den geringen Anforderungen an das Rechnungswesen. Allerdings ist damit, wie bereits dargelegt, nur ein sehr eingeschränkter Anwendungsbereich verbunden. Ferner können aus den Ergebnissen einer Divisionskalkulation kaum bis gar keine handlungsrelevanten Schlüsse gezogen werden. Für die Teilziele der Planung und Steuerung ist die Divisionskalkulation deswegen kaum nutzbar.

5.2 Äquivalenzziffernkalkulation

Das Verfahren der Äquivalenzziffernkalkulation kommt in Mehrproduktunternehmen zur Anwendung, die einander eng verwandte Produktarten in ähnlichen Produktionsprozessen oder aus den gleichen Rohstoffen fertigen. Ähnlichkeit kann z. B. bedeuten, dass sich die verschiedenen Produkte nur anhand einer kostenverursachenden Dimension unterscheiden. Betrachtet man beispielsweise die Fertigung unterschiedlich großer, aber sonst identischer Güter, wie etwa Backsteine (Unterscheidungsdimension Größe), so kann es hier sinnvoll sein das Äquivalenzziffernverfahren anzuwenden.

Im Rahmen der Äquivalenzziffernkalkulation werden die Unterschiede der Produkte durch eine entsprechende Gewichtung ausgeglichen. So kann etwa, wie im Beispiel der Backsteinproduktion aus Beispielaufgabe 5-1, ein Backstein mit der Standardgröße 10 cm x 10 cm x 10 cm (Höhe x Breite x Länge) mit der Gewichtungsziffer 1 versehen werden. Produziert das Unternehmen einen weiteren Backsteintyp in der Größe 10 cm x 10 cm x 20 cm, so kann dieser Typ mit der Gewichtungsziffer 2 versehen werden, da dieser Backstein doppelt so groß wie der erste Backstein ist und folglich annahmegemäß auch doppelt so hohe Kosten verursachen muss. Die Gesamtkosten werden dann anhand der jeweiligen Gewichtungsziffern im Verhältnis 2:1 auf die jeweiligen Backsteintypen verteilt.

Beispielaufgabe 5-1:

Eine Ziegelei stellt Backsteine in drei verschiedenen Größen her. Um die Herstellkosten zu ermitteln, wurden die jeweiligen Backsteintypen mit Äquivalenzziffern versehen: Die **Standardgröße (10cm x 10cm)** erhält dabei die **Äquivalenzziffer 1**. Die beiden weiteren Größen besitzen entsprechend die **Äquivalenzziffern 2** und **3**, da sie doppelt bzw. dreimal so groß wie die Backsteine der Standardgröße sind.

Im Abrechnungsmonat wurden folgende **Mengen** produziert:

- Backsteintyp Standardgröße (10cm x 10cm): **720.000 Stück**
- Backsteintyp doppelte Standardgröße (10cm x 20cm): **105.000 Stück**
- Backsteintyp dreifache Standardgröße (10cm x 30cm): **140.000 Stück**

In der Herstellung sind ferner folgende **Kosten** angefallen:

- Personalkosten: **300.000 €**
- Rohstoffkosten: **80.000 €**
- Energiekosten: **200.000 €**
- Kalkulatorische Abschreibungen: **50.000 €**
- Kalkulatorische Zinsen: **45.000 €**

Ermitteln Sie die **Herstellkosten** pro **Produkttyp** und pro einzelner **Produkteinheit**!

> **Lösung Beispielaufgabe 5-1:**
>
> 1. *Ermittlung der Herstellkosten einer standardisierten Einheit:*
>
>   Typ Standardgröße:
>   1 x 720.000 Stück = 720.000 standardisierte Stück
>
>   Typ Doppelte Standardgröße:
>   2 x 105.000 Stück = 210.000 standardisierte Stück
>
>   Typ Dreifach Standardgröße:
>   3 x 140.000 Stück = 420.000 standardisierte Stück
>
>   ➔ Kosten pro standardisiertem Stück:
>
> $$\frac{Gesamtkosten}{\sum standardisierte\ Stückzahl} = \frac{675.000€}{1.350.000} = 0{,}5 €/Stück$$
>
> 2. *Ermittlung der Herstellkosten pro Backsteintyp:*
>
>   Gesamte Herstellkosten Typ Standardgröße:
>   720.000 Stück x 0,5€/Stück = 360.000€
>
>   Gesamte Herstellkosten Typ Doppelte Standardgröße:
>   210.000 Stück x 0,5€/Stück = 105.000€
>
>   Gesamte Herstellkosten Typ Dreifache Standardgröße:
>   420.000 Stück x 0,5€/Stück = 210.000€
>
> 3. *Ermittlung der Herstellkosten pro Produkteinheit:*
>
>   Herstellkosten Produkteinheit Typ Standardgröße:
>   360.000€ : 720.000 Stück = 0,5 €/Stück
>
>   Herstellkosten Produkteinheit Typ Dop. Standardgröße:
>   105.000€ : 105.000 Stück = 1 €/Stück
>
>   Herstellkosten Produkteinheit Typ Dreif. Standardgröße:
>   210.000€ : 140.000 Stück = 1,5 €/Stück

5.3 Zuschlagskalkulation

Charakteristisch für die Zuschlagskalkulation ist die Trennung der Kosten in Kostenträgereinzel- und in Kostenträgergemeinkosten. Da die Einzelkosten problemlos den einzelnen Kostenträgern zugerechnet werden können, ergibt sich die zentrale Problemstellung der Zuschlagskalkulation in der Verrechnung der Gemeinkosten. Hierzu werden in der Zuschlagskalkulation, wie im Namen enthalten, Zuschlagssätze gebildet.

Ein Zuschlagssatz verteilt die Gemeinkosten dabei auf Basis wertmäßiger Bezugsgrößen, wie z. B. Einzelkosten. Es wird also unterstellt, dass ein Kostenträger umso mehr Gemeinkosten verursacht, je mehr Einzelkosten für dessen Herstellung notwendig sind. Die Gemeinkosten werden den Einzelkostenpositionen dann prozentual zugerechnet. In ihrer einfachsten Form kann die Verteilung der Gemeinkosten auf Basis aller angefallenen Einzelkosten erfolgen (einstufige Zuschlagssatzkalkulation). Für eine differenziertere Betrachtung kann für jede Kostenstelle separat ein Zuschlagssatz gebildet werden (mehrstufige Zuschlagssatzkalkulation).

Das Grundschema der mehrstufigen Zuschlagskalkulation sieht einen getrennten Ausweis von Material- und Fertigungseinzelkosten vor, die zugleich als Basis für die Verteilung der Kostenträgergemeinkosten dienen (ggf. können auch Sondereinzelkosten der Fertigung und des Vertriebs direkt kostenträgerbezogen bestimmt werden). Für die Unternehmensbereiche Materialwirtschaft, Fertigung, Vertrieb und Verwaltung bzw. weiter differenziert nach verschiedenen (End-)Kostenstellen werden jeweils separate Gemeinkostenzuschlagssätze gebildet. Deren Höhe ergibt sich gemäß der Beziehung: Kostenträgergemeinkosten des Bereichs bzw. der (End-)Kostenstelle dividiert durch die jeweils korrespondierende wertmäßige Bezugsbasis. Im Einkaufsbereich sind dies die Rohstoff- und Kaufteilkosten (Materialeinzelkosten), in der Fertigung die als Fertigungseinzelkosten behandelten Fertigungslöhne, im Verwaltungs- und Vertriebsbereich üblicherweise die Herstellkosten.

Wesentlicher Vorteil einer (mehrstufigen) Zuschlagssatzkalkulation ist der im Vergleich zur Divisionskalkulation erweiterte Anwendungskreis und Aussagewert. So untergliedert die Zuschlagssatzkalkulation ein Unternehmen in Beschaffung, Fertigung, Vertrieb und Verwaltung. Durch diese Aufteilung liefert sie ein deutlich besseres und genaueres Ergebnis als die zuvor aufgeführten Verfahren.

Neben hohen Anforderungen an die Kostenrechnung (z. B. wegen der notwendigen Existenz einer Kostenstellenrechnung) ist allerdings die Genauigkeit der Zuschlagssatzkalkulation davon abhängig, wie hoch der direkt zurechenbare Einzelkostenanteil an den Gesamtkosten ist. Kritiker werfen der Zuschlagskalkulation in diesem Zusammenhang vor, dass eine proportionale Beziehung zwischen den betrachteten Zuschlagsbasen und den Kostenträgergemeinkosten nicht zwingend besteht. Um hier eine stärkere Nachvollziehbarkeit gewährleisten zu können, werden Zuschlagssätze unter Umständen durch sogenannte Verrechnungssätze, wie z. B. Maschinenstundensätze, ersetzt. Diese Verrechnungssätze verteilen die Gemeinkosten sodann in Abhängigkeit tatsächlicher Leistungsgrößen.

Betrachtet man beispielsweise die Gemeinkosten einer Materialkostenstelle, so können sich diese zumeist aus den mit der Lagerung der Einsatzmaterialien verbundenen Mietkosten ergeben. Die Einzelkosten der Materialkostenstelle ergeben sich demgegenüber aus den Einkaufspreisen der Einsatzstoffe. Beinhaltet etwa das Lager Einsatzstoffe unterschiedlicher Wertigkeit (wie z. B. Gold und Silber), so würden die Lagerkosten in der Zuschlagssatzkalkulation entsprechend der unterschiedlichen Wertigkeit der Einsatzstoffe verteilt werden.

5.3 Zuschlagskalkulation

Allerdings ist kaum anzunehmen, dass die Lagerkosten in einem Ursache-Wirkungs-Zusammenhang mit der Höhe der Materialwertigkeit stehen. Vielmehr stehen die Lagerkosten in proportionalem Verhältnis zu dem, für die Lagerung der Einsatzstoffe benötigten Raum. Es wäre folglich sinnvoller, die Gemeinkosten für die Lagerstätte anhand der von den Einsatzstoffen veranschlagten Quadratmeter zu verteilen. Anstatt einer wertmäßigen Bezugsgröße (Materialeinzelkosten) würde folglich eine mengenmäßige Bezugsgröße (Quadratmeter) die Verteilung der Gemeinkosten bestimmen. Ein solches Vorgehen wird gemeinhin mit der Verrechnungssatzkalkulation umschrieben.

Beispielaufgabe 5-2:

Ein Motorenhersteller produziert in zwei unterschiedlichen Fertigungsstufen Antriebsaggregate. Es liegen folgende Informationen für die Produktion eines Aggregats vor:

In der ersten Fertigungsstufe wird **Material** im Wert von **2.150 Euro** verbraucht. Zur **Fertigung** werden **3 Stunden** benötigt, die mit **je 12 Euro** bezahlt werden. Im zweiten Fertigungsschritt betragen die **Materialeinzelkosten 1.250 Euro**. Die Produktionszeit beträgt hier **4 Stunden**. Pro Stunde fallen dabei **15 Euro Lohn** an. Für die **Konstruktionspläne** des Aggregats fallen **110 Euro** an. Der **Versand** zum Kunden wird pro Aggregat mit **75 Euro** versichert.

Außerdem sind folgende Gemeinkosten-Zuschlagssätze bekannt: **Materialgemeinkosten 35%**, **Fertigungsgemeinkosten** in der ersten Stufe **130%**, **Fertigungsgemeinkosten** in der zweiten Stufe **240%**. **Verwaltungs- und Vertriebsgemeinkosten** betragen zusammen **15%**.

Berechnen Sie die **Selbstkosten** eines Antriebsaggregats! Lassen Sie dabei steuerliche Aspekte unberücksichtigt.

Lösung Beispielaufgabe 5-2:

Kalkulationsstruktur:	Zuschlagssätze:	Kosten:
Materialeinzelkosten für Fertigungsstufe 1		2.150 €
Materialeinzelkosten für Fertigungsstufe 2		1.250 €
Materialgemeinkosten	35%	1.190 €
Fertigungseinzelkosten Fertigungsstufe 1		36 €
Fertigungsgemeinkosten Fertigungsstufe 1	130%	46.8 €
Fertigungseinzelkosten Fertigungsstufe 2		60 €
Fertigungsgemeinkosten Fertigungsstufe 2	240%	144 €
Sondereinzelkosten der Fertigung		110 €
Herstellkosten		4.986.8 €
Vertriebs- und Verwaltungsgemeinkosten	15%	748.02 €
Sondereinzelkosten Vertrieb		75 €
Selbstkosten		5809.82 €

5.4 Verrechnungssatzkalkulation

Für Industriebetriebe mit breitem und zugleich tiefem Produktions- und Absatzprogramm eignet sich die Verrechnungssatzkalkulation, da sie – im Gegensatz zur Zuschlagskalkulation – den oft sehr unterschiedlichen Faktorintensitäten Rechnung trägt. Die Verrechnungssatzkalkulation ersetzt, wie im obigen Beispiel dargestellt, wertmäßige Bezugsgrößen (z. B. Einzelkosten) durch leistungs- oder mengenabhängige Bezugsgrößen (z. B. Quadratmeter, Maschinenstunden, Auftragseingänge, etc.). Eine Verrechnungssatzkalkulation erfolgt dabei in folgenden Schritten:

5.4 Verrechnungssatzkalkulation

1. Festlegung der (Gemein-)Kostentreiber innerhalb einer Kostenstelle (z. B. je höher die notwendige Lagerfläche, desto höher die Gemeinkosten).
2. Wahl der jeweiligen Bezugsgröße in Abhängigkeit des Kostentreibers (Quadratmeter Lagerfläche).
3. Erfassung der Gemeinkosten einer Periode, die durch die Bezugsgröße beeinflusst wurden (z. B. kalkulatorische Abschreibungen und Zinsen für die Lagerhalle).
4. Ermittlung der gesamten Anzahl an Bezugsgrößeneinheiten (z. B. Quadratmeter der Lagerhalle).
5. Ermittlung eines Verrechnungssatzes durch Division der erfassten Gemeinkosten durch die Gesamtzahl der Bezugsgrößeneinheiten (z. B. Kosten pro Quadratmeter Lagernutzung).
6. Erfassung der vom Kostenträger in Anspruch genommenen Bezugsgrößeneinheiten innerhalb der Periode und Multiplikation mit dem Verrechnungssatz (z. B. Anzahl in Anspruch genommener Quadratmeter multipliziert mit dem Verrechnungssatz).

In Fertigungskostenstellen werden die Verrechnungssätze bei zunehmender Anlagenintensität oftmals mit Hilfe von *Maschinenstundensätzen* als Sonderform der Verrechnungssatzkalkulation gebildet. Dabei wird analog dem oben dargestellten schrittweisen Vorgehen als wesentlicher Kostentreiber die zeitliche Nutzung von Maschinen und folglich als wesentliche Bezugsgröße sogenannte Maschinenstunden definiert.

Zu diesem Zweck sind im Rahmen der Kostenstellenrechnung die (Kostenträger-) Gemeinkosten anlagenintensiver Fertigungskostenstellen in maschinenabhängige Gemeinkosten (z. B. Abschreibungen, Zinsen, Energie, Werkzeug, usw.) und Restgemeinkosten zu untergliedern. Die maschinenabhängigen Gemeinkosten werden zur Maschinenlaufzeit in Bezug gesetzt und dann anhand der von den Kostenträgern in Anspruch genommenen Maschinenstunden verrechnet. Die Restgemeinkosten gehen in Form von auf die Fertigungslöhne bezogenen Zuschlagssätzen in die Kalkulation ein.

Wesentlicher Vorteil der Verrechnungssatzkalkulation ist die verursachungsgerechtere Verteilung der Gemeinkosten auf die einzelnen Kostenträger. Allerdings ist für die Anwendung der Verrechnungssatzkalkulation ein wesentlich höherer Informationsbedarf an das Rechnungswesen zu stellen.

Beispielaufgabe 5-3:

Ein Unternehmen nutzt zur Erstellung seiner Produkte eine Produktionsanlage, zu der folgendes Datenmaterial gegeben ist:

Anschaffungskosten	54.000 €
Wiederbeschaffungswert	72.000 €
Voraussichtliche Nutzungsdauer	8 Jahre
Größe der Produktionshalle	84 m²
Kalkulatorische Verzinsung	9% pro Jahr
Jährliche Instandhaltungskosten	6,5% des Wiederbeschaffungswerts
Raumkostensatz	7,50 € pro m² und Monat
Zurechenbare Werkzeugkosten	3.600 € pro Jahr
Nutzungszeit	1.800 Stunden pro Jahr

Berechnen Sie den **Maschinenstundensatz** der Produktionsanlage!

Lösung Beispielaufgabe 5-3:

	Berechnung	
Kalkulatorische Abschreibungen	$\dfrac{72.000\ €}{8\,Jahre}$	9.000 €
Raumkosten	84m² x 7,5 €/m² x 12 Monate	7.560 €
Kalkulatorische Zinsen	$\dfrac{54.000\ €}{2}$ ×0,09	2.430 €
Instandhaltungskosten	72.000 € x 0,065	4.680 €
Werkzeugkosten		3.600€
Maschinenkosten pro Jahr		27.270 €
Maschinenlaufzeit		1.800 h
Maschinenstundensatz		15,15 €/h

5.5 Exkurs: Prozesskostenrechnung

Wird die Verrechnungssatzkalkulation in indirekten Bereichen angewendet, so spricht man auch von einer *Prozesskostenkalkulation*. Insbesondere aufgrund des in vielen Unternehmen steigenden Anteils indirekter Bereiche erfährt die Prozesskostenrechnung mittlerweile oftmals besondere Beachtung.

Die Grundidee der Prozesskostenrechnung beruht darauf, auch die im Gemeinkostenbereich erbrachten Leistungen als Basis für die Zuordnung von Kosten zu Produkten zu nutzen. Als Bezugsgrößen werden in der Prozesskostenrechnung zumeist spezifische Aktivitäten bzw. Aktivitätsfolgen (Prozesse) gewählt, die entsprechend der oben dargelegten Systematik der Verrechnungssatzkalkulation ermittelt und zur Verteilung der Gemeinkosten herangezogen werden.

Aufgrund der Tatsache, dass nicht alle Gemeinkosten in unmittelbar nachvollziehbarem Zusammenhang mit messbaren Aktivitäten stehen, wird die Prozesskostenkalkulation meist in zwei Schritten durchgeführt:

1. Zuerst werden die Kosten der leistungsmengeninduzierten Prozesse mit Hilfe von Prozesskostensätzen verrechnet. Dieser Vorgang kann sich wiederum in die oben dargelegten Teilschritte der Verrechnungssatzermittlung untergliedern.
2. Im Anschluss daran erfolgt eine Umlage der übrigen, leistungsmengenneutralen Kosten.

Betrachtet man zunächst die Verrechnung der leistungsmengeninduzierten Kosten, so müssen hierfür in einem ersten Teilschritt die in einer Kostenstelle relevanten Prozesse identifiziert werden. So kann sich etwa in der Materialkostenstelle ein wesentlicher Prozess aus den Aktivitäten Materialeinkauf, -entgegennahme, -eingangsprüfung sowie -lagerung zusammensetzen. Als Bezugsgröße zur Verteilung der Gemeinkosten kann in der Folge die von einem Kostenträger in Anspruch genommene Anzahl an Prozessdurchläufen herangezogen werden (Schritt 2 der Verrechnungssatzkalkulation). Analog zur Erfassung der bezugsgrößenabhängigen Gemeinkosten (Schritt 3 der Verrechnungssatzkalkulation) werden auch in der Prozesskostenrechnung dann diejenigen Gemeinkosten identifiziert, die in Zusammenhang mit den Prozesstätigkeiten stehen (z. B. zeitabhängige Personalkosten).

In Anlehnung an Schritt 4 der Verrechnungssatzkalkulation wird sodann die Gesamtzahl der in einer Periode in Anspruch genommenen Prozessdurchläufe erfasst und durch die ermittelten prozessabhängigen Gemeinkosten dividiert (Schritt 5 der Verrechnungssatzkalkulation). Somit kann ein Prozesskostensatz ermittelt werden, der angibt, wie viel ein Prozessdurchlauf kostet. Weiß man ferner, wie viele Prozessdurchläufe durch einen Kostenträger ausgelöst werden, können die prozessabhängigen Gemeinkosten entsprechend auf den Kostenträger verrechnet werden.

Neben den prozessabhängigen Gemeinkosten existieren oftmals parallel prozessunabhängige Gemeinkosten, wie sie z. B. durch die Leitung der jeweiligen Kostenstelle verursacht werden. Diese Tätigkeiten können dabei im Sinne von leistungsmengenneutralen Prozessen auf die jeweiligen leistungsmengeninduzierten Prozesse prozentual aufgeschlagen werden.

5.6 Kalkulation von Kuppelprodukten

Wenn im Zuge ein und desselben Produktionsprozesses gleichzeitig mehrere Produkte entstehen, spricht man gewöhnlich von einer sogenannten Kuppelproduktion. So sind Kuppelproduktionen zumeist dort anzutreffen, wo ein Grundroh- bzw. Einsatzstoff zwangsläufig in mehrere Einzelteile zerlegt wird. Etwa erhält man bei der Verarbeitung von Rohöl zumeist gleichzeitig die als Endprodukte absetzbaren Kostenträger Benzin, Heizöl, Schweröl sowie Teer. Auch die Verwertung von Rohmilch lässt automatisch

5.6 Kalkulation von Kuppelprodukten

> **Kuppelproduktion mit einem Hauptprodukt und einem oder mehreren Neben- bzw. Abfallprodukten**
>
> **Kalkulation mit Hilfe der Restwertrechnung**
> Subtraktion der aus der Verwertung der Neben- bzw. Abfallprodukte erwirtschafteten Überschüsse von den Gesamtkosten des Kuppelproduktionsprozesses und Vorgabe des verbleibenden Restwertes als noch durch das Hauptprodukt zu deckende Kosten der Kuppelproduktion.

> **Kuppelproduktion mit mehreren gleich bedeutsamen Produkten**
>
> **Kalkulation mit Hilfe von Schlüsselungsverfahren**
> Verteilung der für die Kuppelproduktion anfallenden Kosten, die prinzipiell echte Kostenträgergemeinkosten darstellen, im Verhältnis bestimmter Schlüsselgrößen auf die einzelnen Kuppelprodukte.

Abb. 5.2 Restwertrechnung und Schlüsselungsverfahren

Rahm sowie gleichzeitig verzehrfertige Standardmilch entstehen. Daneben kann auch die Demontage alter Anlagen oder Maschinen, wie etwa fahruntüchtiger Autos, gleichzeitig verschiedene, verwertbare Einsatzteile und Materialien hervorbringen (Abb. 5.2).

Zentrales Problem solcher Kuppelproduktionen ist es, dass die Material- bzw. Produktionskosten den einzelnen Kostenträgern, im Sinne von Einzelkosten, nicht direkt zurechenbar sind. Möglichkeiten trotz alledem die Gesamtkosten auf die einzelnen Kostenträger zu verteilen, bieten die Restwert- sowie die Schlüsselungskalkulation. Die Restwertkalkulation geht davon aus, dass durch den Produktionsprozess ein Haupt- sowie mehrere Nebenprodukte entstehen (z. B. Standardmilch als Hauptprodukt und Rahm als Nebenprodukt). Das Hauptprodukt hat dabei alle anfallenden Kosten abzüglich der durch den Absatz der Nebenprodukte erzielten Erlöse zu tragen.

> **Beispielaufgabe 5-4:**
>
> Die **Gesamtkosten** eines Kuppelproduktionsprozesses betragen **84.000 €**. Dabei werden **1.000 kg** des **Hauptprodukts**, **200 kg** des **Nebenprodukts 1** und **200 kg** des **Nebenprodukts 2** erzeugt. Das Nebenprodukt 1 kann für **20 € / kg** am Markt abgesetzt werden, es fallen jedoch vorher noch Aufbereitungskosten in Höhe von **6 € / kg** an. Das Nebenprodukt 2 muss entsorgt werden, was Kosten in Höhe von **10 € / kg** verursacht.
>
> In welcher Höhe werden die **Stück-Herstellkosten** des Hauptprodukts kalkuliert?
>
> Lösung:
>
> | | Berechnung | Summe |
> | --- | --- | --- |
> | Gesamtkosten der Kuppelproduktion | | 84.000 € |
> | - Erlöse Nebenprodukt 1 | 20 € / kg * 200 kg | 4.000 € |
> | + Kosten Nebenprodukt 1 | 6 € / kg * 200 kg | 1.200 € |
> | + Kosten Nebenprodukt 2 | 10 € / kg * 200 kg | 2.000 € |
> | = gesamte dem Hauptprodukt zugerechnete Kosten | | 83.200 € |
> | → Stück-Herstellkosten des Hauptprodukts | 83.200 € / 1000 kg | 83,20 €/kg |

Die Schlüsselungskalkulation geht im Gegensatz dazu von einer homogenen Produktstruktur aus. Die Kosten werden dann entsprechend verschiedener Verteilungsschlüssel auf die einzelnen Produkte verrechnet. So ist beispielsweise eine Möglichkeit der Schlüsselung die Verteilung der Kosten in Abhängigkeit der erzielten Erlöse am Markt (Tragfähigkeitsprinzip). Eine andere Möglichkeit wäre die Verteilung der Kosten in Abhängigkeit der Stückzahl.

Unabhängig der gewählten Methode ist bei der Kalkulation von Kuppelprodukten zu beachten, dass die damit gewonnen Aussagen keine Entscheidungsrelevanz besitzen, da die Verteilung der Kosten nicht auf Ursache-Wirkungsbeziehungen basieren.

5.7 Zusammenfassung

- Die Kostenträgerrechnung als letzter Teilschritt der Kostenrechnung weist auf Vollkostenbasis die für bestimmte Kostenträger anfallenden Kosten aus.
- Die Kostenträgerrechnung lässt sich dabei in eine Kostenträgerstück- sowie Kostenträgerzeitrechnung untergliedern.
- Die wesentlichen Verfahren der Kostenträgerrechnung sind die Divisions-, die Äquivalenzziffern-, die Zuschlagssatz-, die Verrechnungssatz-, die Restwert- sowie die Schlüsselungskalkulation.
- Die Wahl eines geeigneten Kalkulationsverfahrens hängt dabei von der jeweiligen im Unternehmen vorherrschenden Fertigungsart und folglich von dem Charakter des Leistungsportfolios ab.
- Während homogene Leistungen einfache Verfahren wie etwa die Divisionskalkulation zulassen, bedürfen komplexere, heterogene Leistungsportfolios differenziertere Verfahren, wie etwa die Zuschlags- oder Verrechnungssatzkalkulation.
- Die zentrale Problemstellung der Zuschlags- und/oder Verrechnungssatzkalkulation ergibt sich aus der mit einem heterogenen Produktprogramm notwendigerweise einhergehenden Verrechnung der Gemeinkosten.
- Während die Zuschlagssatzkalkulation Gemeinkosten auf Basis wertmäßiger Bezugsgrößen (z. B. Einzelkosten) verrechnet, werden Gemeinkosten in der Verrechnungssatzkalkulation auf Basis von Leistungsgrößen (z. B. Maschinenstunden) verrechnet.
- Wird die Verrechnungssatzkalkulation auf indirekte Bereiche angewandt, spricht man von einer sogenannten Prozesskostenkalkulation.
- Als Sonderform gilt die sogenannte Kuppelproduktion, innerhalb derer verschiedene Leistungen aus einem zwangsläufigen Leistungsverbund heraus entstehen. Für diese Art der Produktion sind v. a. das Schlüsselungs- sowie das Restwertverfahren für die Kalkulation geeignet.

Weiterführende Literatur

Coenenberg, A. G., Fischer, T. M., & Günther, T. (2016). *Kostenrechnung und Kostenanalyse* (9. Aufl.). Stuttgart: Schäffer-Poeschel.

Deimel, K., Isemann, R., & Müller, S. (2006). *Kosten- und Erlösrechnung*. München: Oldenbourg Verlag.

Friedl, B. (2010). *Kostenrechnung* (2. überarb. und erw. Aufl.). München: Pearson Verlag.

Friedl, G., Hofmann, C., & Pedell, B. (2013). *Kostenrechnung* (2. überarb. Aufl.). München: Vahlen Verlag.

6 Planung, Erfassung und Kontrolle der Kosten

6.1 Kostenplanung, -steuerung und -kontrolle als Führungsaufgabe

Die Aufgaben der Kostenrechnung und des Controlling stehen in enger Verbindung mit der Planung, Entscheidung und Kontrolle des unternehmerischen Handelns (Managementzyklus Abb. 6.1). So ist es wesentliche Aufgabe der Unternehmensführung und des Managements Erfolg zu planen, zu steuern und zu kontrollieren. Die Erfolgsplanung, -steuerung und -kontrolle erfasst als wesentlichen Teilbereich auch die Planung, Steuerung und Kontrolle der Kosten und Erlöse. Entsprechend wurde in Abschn. 2.2 definiert, dass es wesentlicher Zweck der Kostenrechnung ist, die Planung, Steuerung und Kontrolle des Erfolgs zu ermöglichen.

Um überhaupt eine Kostenplanung durchführen zu können, ist eine ihr vorgelagerte Kapazitäts- bzw. Leistungsplanung notwendig. Retrograd, gemäß einer engpassbezogenen Planungslogik, ergibt sich die Kostenplanung als wertmäßiges Ergebnis vorher durchzuführender Absatz-, Personal-, Material- und sonstiger Kapazitätsplanungen auf der Leistungsebene. Die Planung der Kosten muss zwangsläufig auf den Teilplanungen der einzelnen Unternehmensbereiche (Absatzplanung, Personalplanung, Materialbedarfsplanung etc.) aufbauen und mit diesen abgestimmt sein (Abb. 6.2).

Wesentliches Ziel der Kostenplanung ist einerseits aus verhaltensorientierter Sicht die Vorgabe von Kostenzielen sowie andererseits die Ermittlung von Abweichungsursachen. Das Wissen über solche Abweichungsursachen kann in der Folge der Ableitung notwendiger Handlungsmaßnahmen sowie dem Lernen für zukünftige Planungsprozesse dienen.

Dieser Zieldichotomie folgend, lassen sich die aus der Leistungsplanung abgeleiteten Plankosten auch in Prognose- sowie Vorgabekosten (Standardkosten) unterscheiden. Prognosekosten stellen das wertmäßige Äquivalent der in Zukunft erwarteten (tatsächlichen) Güterverzehre dar. Sie werden z. B. zur Planung und Kontrolle von Entscheidungen herangezogen. Dagegen kommen Vorgabekosten zur Steuerung der Durchsetzung von Entscheidungen sowie deren Kontrolle zur Anwendung, um einen möglichst

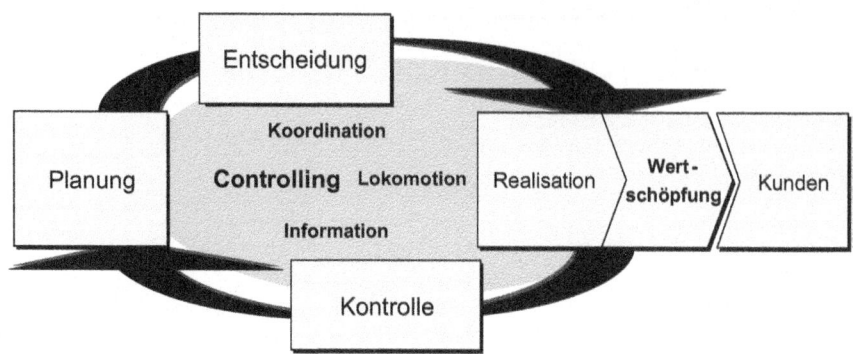

Abb. 6.1 Managementzyklus

wirtschaftlichen Einsatz der Ressourcen zu erreichen. Sie sind insbesondere bezüglich ihrer Motivationswirkungen auf die betroffenen Mitarbeiter zu analysieren.

6.2 Die Ermittlung von Abweichungsursachen

Zentrales Problem der Ermittlung von Abweichungsursachen ist, dass aus einem einfachen Vergleich vorgegebener Plankosten mit tatsächlich entstandenen Ist-Kosten kein eindeutiger Rückschluss auf mögliche Ursachen einer Abweichung möglich ist.

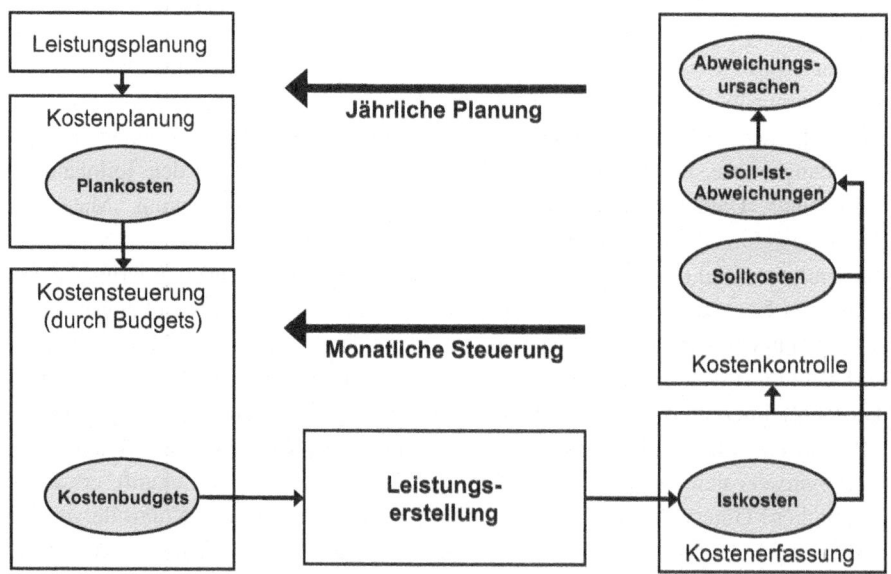

Abb. 6.2 Ablauf der Kosten- und Leistungsplanung

6.2 Die Ermittlung von Abweichungsursachen

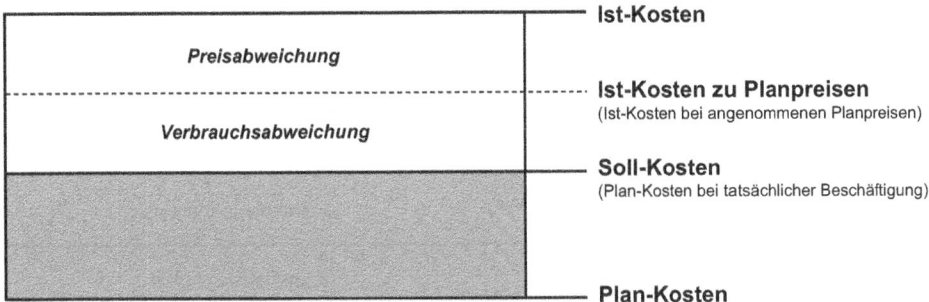

Abb. 6.3 Zusammenhang zwischen Plan-, Ist- und Soll-Kosten

Grundsätzlich können aus dem Kostenbegriff als zentrale Abweichungsursachen ein möglicher Mehr- oder Minderverbrauch an Produktionsfaktoren sowie die Veränderung von Preisen für den Einsatz von Produktionsfaktoren angeführt werden. Wird ferner die Möglichkeit von Beschäftigungsschwankungen angenommen, ist im Hinblick des Mehr- bzw. Minderverbrauchs von Produktionsfaktoren noch zu differenzieren, ob sich dieser Mehr- oder Minderverbrauch aus einem unwirtschaftlichen Umgang mit gegebenen Ressourcen (z. B. wegen einem hohen Ausschuss) oder einem schwankenden Beschäftigungsniveau heraus ergibt (weil etwa ein Zusatzauftrag angenommen wurde).

Um unterscheiden zu können, ob und wie hoch eine Kostenveränderung auf ein unterschiedliches Beschäftigungsniveau zurückzuführen ist, ist es notwendig, sogenannte Soll-Kosten zu berechnen. Soll-Kosten beschreiben dabei auf das tatsächliche Beschäftigungsniveau normierte Plankosten. Um diese berechnen zu können ist eine Unterscheidung der Plankosten in Abhängigkeit der Beschäftigung, also in variable und fixe Kosten, notwendig.

Durch einen Vergleich von Soll- und Ist-Kosten wird ersichtlich, ob sich nach Anpassung des Beschäftigungsniveaus immer noch eine Kostenabweichung ergibt. Diese verbleibende Abweichung ist folglich nicht mehr auf die Beschäftigungsschwankung zurückzuführen und in der Folge auf sonstige Ursachen hin zu analysieren. Diese Ursachen können z. B. in der Veränderung zwischen den geplanten und den tatsächlich gezahlten Preisen oder in einem unwirtschaftlichen Umgang mit gegebenen Ressourcen liegen (Abb. 6.3).

Hierzu ist es notwendig, die tatsächlichen Ist-Kosten (Ist-Preise x Ist-Verbrauch) den Ist-Kosten zu Planpreisen (Ist-Verbrauch x Planpreise) gegenüberzustellen (vgl. Berechnungsformeln der Plankostenrechnung in Abb. 6.4). Die Ist-Kosten zu Planpreisen geben dabei an, mit welchen Kosten zu rechnen gewesen wäre, hätten sich die Preise im Vergleich zum Planungszeitpunkt nicht verändert. Aus der Differenz beider Werte kann nun geschlossen werden, welcher Anteil einer Kostenüber- oder -unterdeckung auf veränderte Faktorpreise zurückzuführen ist.

Da nun bekannt ist, welcher Teil der Kostenabweichung zwischen Soll- und Ist-Kosten auf die Veränderung der Faktorpreise zurückzuführen ist, kann im Umkehrschluss

K^{PLAN}	=	V^{PLAN}	x	P^{PLAN}	(Plankosten)
K^{IST}	=	V^{IST}	x	P^{IST}	(Istkosten zu Istpreisen)
$K^{IST\,(Plan)}$	=	V^{IST}	x	P^{PLAN}	(Istkosten zu Planpreisen)
K^{SOLL}	=	$[K^{PROP}$	x	$(B^{IST}/B^{PLAN})] + K^{FIX}$	(Sollkosten)
K^{VERR}	=	K^{PLAN}	x	(B^{IST}/B^{PLAN})	(verrechnete Plankosten)
ΔK	=	ΔP	+	ΔV	(Kostenabweichung)
ΔP	=	K^{IST}	−	$\sum(V^{IST} \times P^{PLAN})$	(Preisabweichung)
ΔV	=	$\sum(V^{IST}$	x	$P^{PLAN}) - K^{SOLL}$	(Verbrauchsabweichung)
ΔB	=	K^{SOLL}	−	K^{VERR}	(Beschäftigungsabweichung)

Symbole:
K = Kosten
V = Verbrauch
P = Preis
B = Beschäftigung
Δ = Abweichung

Abb. 6.4 Berechnungsformeln der Plankostenrechnung

auch ermittelt werden, welcher Teil der Kostenabweichung auf einen unwirtschaftlichen Einsatz gegebener Ressourcen zurückzuführen ist. Hierfür ist die soeben ermittelte Preisabweichung von der zuvor ermittelten Differenz zwischen Soll- und Ist-Kosten abzuziehen. Gleiches Ergebnis erhält man, indem die Soll-Kosten von den Ist-Kosten zu Planpreisen abgezogen werden (vgl. Abb. 6.4).

Sind folglich Preis- und Verbrauchsabweichung mathematisch errechnet worden, gilt es schlussendlich, diese mathematischen Ergebnisse im Hinblick auf mögliche Handlungsempfehlung hin zu analysieren. Während eine positive Preisabweichung darauf hindeutet, dass die Faktorpreise während einer Periode und folglich auch die Kosten gestiegen sind, würde eine negative Preisabweichung im Gegenteil bedeuten, dass sinkende Preise mitverantwortlich für eine Kostensenkung sind. Festgestellte Preisabweichungen können z. B. zur Verbesserung des Planungsprozesses oder als Feedback für das Verhandlungsgeschick der Einkaufsabteilung genutzt werden.

Betrachtet man die Verbrauchsabweichung, so bedeutet ein positives Vorzeichen, dass ein unwirtschaftlicher Ressourcenverbrauch vorgelegen haben muss. Gleichzeitig bedeutet eine negative Verbrauchsabweichung, dass wirtschaftlicher als geplant mit den gegebenen Ressourcen umgegangen wurde. Diese Erkenntnisse können sodann sowohl für tiefergehende Analyse der jeweiligen Kostenstellen oder z. B. zur Incentivierung der jeweiligen Kostenstellenleiter genutzt werden.

Abb. 6.5 Systeme der Plankostenrechnung

		Verrechnung der Plankosten auf nachgelagerte Kostenstellen	
		Auf Vollkostenbasis	Auf Teilkostenbasis
Anpassung an das Beschäftigungsniveau	Nein	Starre Plankostenrechnung	-
	Ja	Flexible Plankostenrechnung auf Vollkostenbasis	Flexible Plankostenrechnung auf Teilkostenbasis

6.3 Systeme der Plankostenrechnung

Innerhalb der Plankostenrechnung lassen sich verschiedene Systeme unterscheiden. Wesentliche Unterscheidungskriterien dieser Systeme sind die für die Analyse von Abweichungsursachen notwendige Trennung in beschäftigungsvariable und -fixe Kosten sowie die Art der Verrechnung von Plankosten auf nachgelagerte Kostenstellen bzw. Kostenträger (Abb. 6.5). Diese Verrechnung kann entweder auf Voll- oder auf Teilkostenbasis geschehen.

Hinsichtlich der Trennung in variable und fixe Plankosten unterscheidet man zwischen der sogenannten starren und flexiblen Plankostenrechnung. Innerhalb der flexiblen Plankostenrechnung kann wiederum hinsichtlich der Weiterverrechnung in eine flexible Plankostenrechnung auf Vollkosten- sowie in eine flexible Plankostenrechnung auf Teilkostenbasis unterschieden werden.

Starre Plankostenrechnung Als ursprünglichste Variante der Plankostenrechnung gilt die sogenannte starre Plankostenrechnung. Die starre Plankostenrechnung ist eine Vollkostenrechnung, bei der die Kosten für eine feste (starre) Auslastung der betrieblichen Kapazität geplant werden.

Im System der starren Plankostenrechnung werden zunächst alle (Gemein-)Kosten einer Kostenstelle, unabhängig von deren Beschäftigungsabhängigkeit, für ein festes Beschäftigungsniveau geplant. Als Beschäftigung gilt die jeweilige, für die Verrechnung von Gemeinkosten einer Kostenstelle notwendige Bezugsgröße der jeweiligen Kostenstelle (also z. B. Arbeitsstunden in der Vorkostenstelle Arbeitsvorbereitung).

Aus dieser Gesamtkostenplanung kann sodann ein sogenannter Plankostenverrechnungssatz aus der Division der Gesamtkosten der Kostenstelle durch das geplante

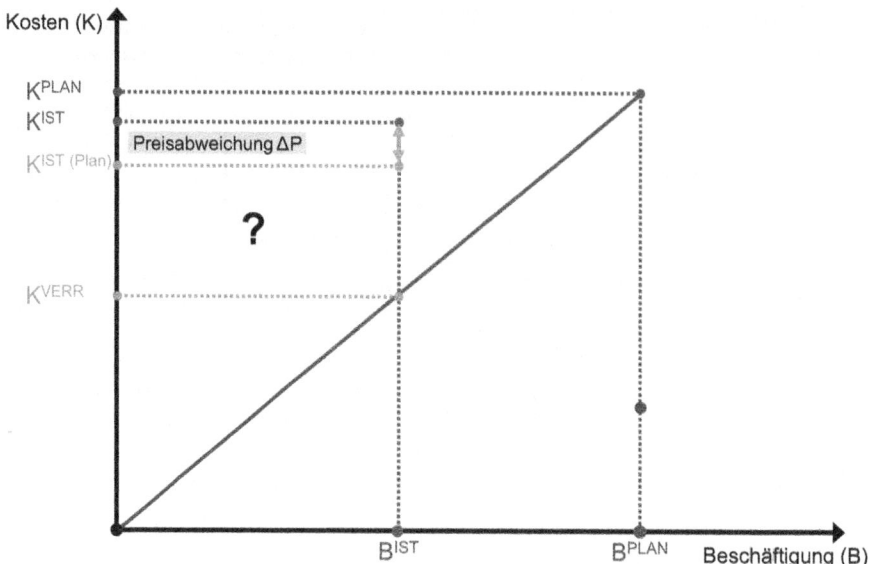

Abb. 6.6 Grafische Darstellung der starren Plankostenrechnung

Beschäftigungsniveau abgeleitet werden. Dieser Plankostenverrechnungssatz dient dabei der Weiterverrechnung der tatsächlich in Anspruch genommenen Leistung an eine nachgelagerte Kostenstelle. So wird schlussendlich die tatsächlich in Anspruch genommene Leistung der nachgelagerten Kostenstelle mit dem Plankostenverrechnungssatz auf Vollkostenbasis multipliziert. Als Ergebnis erhält man die verrechneten Plankosten (K^{Verr}), also diejenigen Kosten, die auf die nachgelagerte Kostenstelle tatsächlich weiterverrechnet werden.

Das zentrale Problem der starren Plankostenrechnung liegt in der nicht vorhandenen Unterscheidung zwischen beschäftigungsvariablen und -fixen Kostenbestandteilen und der damit verbundenen Unmöglichkeit der Ermittlung von Abweichungsursachen. So ist im System der starren Plankostenrechnung nur der Vergleich zwischen Plan- und Ist-Kosten bzw. zwischen den verrechneten Plan- und den Ist-Kosten möglich (Abb. 6.6). Dieser Vergleich ermöglicht allerdings keine Rückschlüsse, ob und wie stark ein möglicher Unterschied zwischen den tatsächlich angefallenen Ist-Kosten und den geplanten Kosten bzw. verrechneten Kosten auf Beschäftigungs-, Preis- oder Verbrauchsschwankungen zurückzuführen ist.

Flexible Plankostenrechnung Um diesem Problem zu begegnen wird bei der flexiblen Plankostenrechnung eine Trennung beschäftigungsabhängiger und beschäftigungsunabhängiger Kosten vorgenommen. So wird für jede Kostenstelle geplant, ob sich die Gemeinkosten der jeweiligen Kostenstelle mit der gewählten Bezugsgrößeneinheit der Kostenstelle verändern oder nicht. Für das Beispiel der Kostenstelle Arbeitsvorbereitung wird folglich eine Spaltung der Gemeinkosten dahingehen vorgenommen, ob sich die Kosten in Abhängigkeit der Arbeitsstunden verändern oder nicht.

6.3 Systeme der Plankostenrechnung

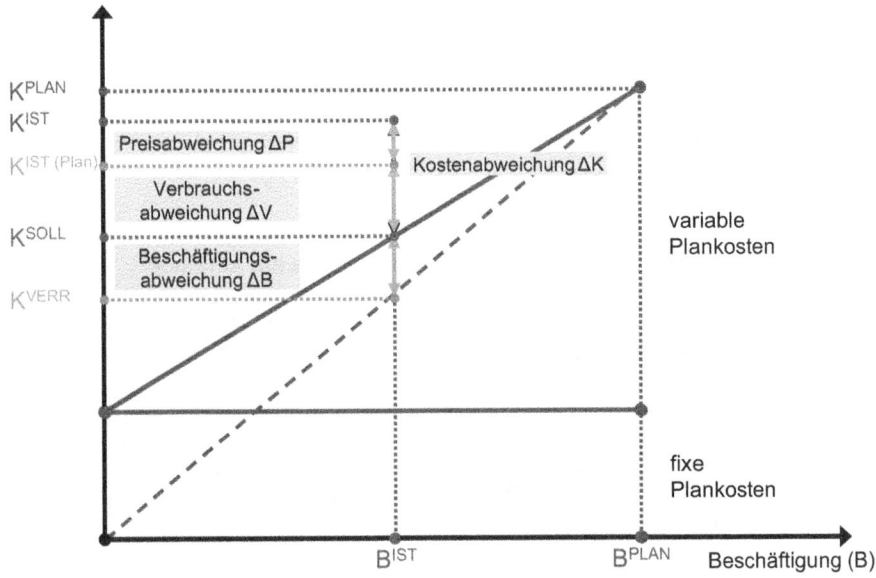

Abb. 6.7 Grafische Darstellung der flexiblen Plankostenrechnung auf Vollkostenbasis

Auf Basis dieser Trennung lassen sich sodann Soll-Kosten (K^{Soll}) ermitteln, die einen beschäftigungsbereinigten Vergleich mit den Ist-Kosten erlauben (vgl. Abb. 6.7). Schließlich lassen sich auf dieser Basis ferner die Verbrauchs- sowie die Preisabweichung identifizieren.

Innerhalb der flexiblen Plankostenrechnung stellt sich allerdings die Frage, ob und wie die Kosten einer vorgelagerten Kostenstelle auf eine nachgelagerte Kostenstelle weiterverrechnet werden. Entweder ignoriert man die für die Abweichungsanalyse zugrunde gelegte Unterscheidung gemäß der Beschäftigungsabhängigkeit und verrechnet die vollen Kosten auf die nachgelagerte Kostenstelle mittels des Plankostenverrechnungssatzes (*flexible Plankostenrechnung auf Vollkostenbasis*), oder man verrechnet nur die variablen Kostenstellengemeinkosten auf die nachgelagerte Kostenstelle (*flexible Plankostenrechnung auf Teilkostenbasis*). Anstelle eines Plankostenverrechnungssatzes wird in der flexiblen Plankostenrechnung auf Teilkostenbasis ein sogenannter Grenzplankostensatz berechnet, der sich aus der Division der geplanten variablen Kosten durch die jeweils geplante Beschäftigungsmenge ergibt. Während durch den Grenzplankostensatz nur die variablen Kosten weiterverrechnet werden, werden die verbleibenden Fixkosten en bloc erst später in der schlussendlichen Ergebnisrechnung verrechnet.

Mittels der flexiblen Plankostenrechnung auf Vollkostenbasis ist es möglich, neben der Ermittlung der Verbrauchs- sowie der Preisabweichung, eine sogenannte Beschäftigungsabweichung zu berechnen. Diese Abweichung ergibt sich aus dem Vergleich der tatsächlich auf Vollkostenbasis weiterverrechneten Kosten und den jeweiligen Soll-Kosten (Abb. 6.7). Dadurch wird ersichtlich, ob Unter- oder Überbeschäftigung vorgelegen hat bzw. ob mittels der Vollkostenverrechnung zu viel (verrechnete Leerkosten) oder zu wenig Fixkosten (Leerkosten) auf eine nachgelagerte Kostenstelle oder Kostenträger weiterverrechnet wurden.

Beispielaufgabe 6-1:

Die Fahrrad GmbH wendet **die flexible Plankostenrechnung auf Vollkostenbasis** an. Am Ende eines Monats möchte der Kostenstellenleiter der Fuhrkostenstelle die geplanten Kosten mit den tatsächlich aufgelaufenen Kosten vergleichen und Abweichungen analysieren. Er hat die folgenden Informationen zur Verfügung:

• Ursprünglich war geplant, während des Monats eine Fahrleistung von **12.000 km** zu erbringen. Tatsächlich wurden jedoch in Summe Fahrleistungen von **14.400 km** nachgefragt.

• Die ursprünglich geplanten Kosten betrugen in Summe **4.800 €**. Im Verlauf des Monats sind jedoch effektiv **5.500 €** an Kosten angefallen.

• Der Anteil der **fixen Kosten** an den gesamten Plankosten betrug **40%**.

• Die Preise der Kostenarten haben sich teilweise erhöht, teilweise verringert. Durchschnittlich kam es jedoch zu einer **Preissteigerung** von **10%** gegenüber den Planpreisen.

Berechnen Sie die Preisabweichung, die Verbrauchsabweichung sowie die Beschäftigungsabweichung.

> **Lösung Beispielaufgabe 6-1:**
>
> 1. *Ermittlung der Preisabweichung:*
>
> $\Delta P = K^{Ist} - K^{Ist(Plan)}$
>
> $K^{Ist(Plan)} = K^{Ist} - (K^{Ist} \times 10\%) = 5.500€ - 500€ = 5.000€$
>
> $\Delta P = K^{Ist} - K^{Ist(Plan)} = 5.500€ - 5.000€ = +500€$
>
> 2. *Ermittlung der Verbrauchsabweichung:*
>
> $\Delta V = K^{Ist(Plan)} - K^{soll}$
>
> $K^{soll} = K^{Fix} + (K^{Var} \times \frac{B_{Ist}}{B_{Plan}})$
>
> $K^{Fix} = 4.800€ \times 40\% = 1.920€$
>
> $K^{Var} = 4.800€ - 1.920€ = 2.880€$
>
> $K^{Soll} = 1.920€ + 2.880€ \times \frac{14.400\ km}{12.000\ km}) = 5.376€$
>
> $\Delta V = K^{Ist(Plan)} - K^{Soll} = 5.000€ - 5.376€ = -376€$
>
> 3. *Ermittlung der Beschäftigungsabweichung:*
>
> $\Delta B = K^{Soll} - K^{Verr}$
>
> $K^{Verr} = K^{Plan} \times \frac{B_{Ist}}{B_{Plan}} = 4.800€ \times 1,2 = 5.760€$
>
> $\Delta B = 5.376€ - 5.760€ = -384€$

6.4 Zusammenfassung

- Wesentliche Aufgabe der Unternehmensführung bzw. des Managements ist die Planung, Steuerung und Kontrolle des Erfolgs und folglich auch der Kosten.
- Die Kostenplanung ergibt sich in diesem Zusammenhang aus einer vorgeschalteten Kapazitäts- und Leistungsplanung.
- Wesentliches Ziel der Kostenplanung ist die Ermittlung von Kostenabweichungen und deren Ursachen. Diese werden benötigt, um Rückschlüsse für eine möglicherweise

- notwendige Gegensteuerung oder für die nachgelagerte Kostenplanung ziehen zu können.
- Allerdings ist der einfache Vergleich von Plan- und Ist-Kosten insbesondere bei schwankenden Beschäftigungsniveaus nicht aussagekräftig.
- Zur Ermittlung von Abweichungsursachen ist die Ableitung sogenannter Soll-Kosten notwendig. Soll-Kosten beschreiben dabei auf das tatsächliche Beschäftigungsniveau normierte Plankosten.
- Der Vergleich von Soll- und Ist-Kosten ermöglicht die Ermittlung einer Kostenabweichung, die nicht auf Beschäftigungsschwankungen zurückführbar ist, sondern allein durch Unwirtschaftlichkeiten oder Preisschwankungen hervorgerufen wurde.
- Vergleicht man ferner die Ist-Kosten mit sogenannten Ist-Kosten zu Planpreisen, also der Bewertung des tatsächlichen Verbrauchs mit den ursprünglich geplanten Preisen, ist es möglich, diejenige Kostenabweichung zu isolieren, die auf unterschiedliche Preisniveaus zwischen dem Planungs- und dem Ist-Zeitpunkt zurückzuführen ist.
- Innerhalb der Plankostenrechnung lassen sich die Varianten der starren Plankostenrechnung, der flexiblen Plankostenrechnung auf Vollkostenbasis sowie der flexiblen Plankostenrechnung auf Teilkostenbasis unterscheiden.
- Die starre Plankostenrechnung verzichtet im Gegensatz zur flexiblen Plankostenrechnung auf die Trennung in fixe und variable Kosten, was schlussendlich eine Ermittlung notwendiger Soll-Kosten unmöglich macht.
- Die flexible Plankostenrechnung auf Vollkostenbasis unterscheidet sich von der flexiblen Plankostenrechnung auf Teilkostenbasis dahingehend, dass auf nachgelagerte Kostenstellen die vollen Kosten weiterverrechnet werden.

Weiterführende Literatur

Becker, W., & Piser, M. (2003). *Strategische Kontrolle – Ergebnisse einer empirischen Untersuchung. In Bamberger Betriebswirtschaftliche Beiträge* (Bd. 131). Bamberg: Otto-Friedrich-Univ.

Kilger, W., Pampel, J. R., & Vikas, K. (2012). *Flexible Plankostenrechnung und Deckungsbeitragsrechnung* (13. Aufl.). Wiesbaden: Gabler Verlag.

Aufbau der Erlös- und Ergebnisrechnung 7

Als Pendant zur Kostenrechnung liefert die Erlösrechnung Informationen über die aus der Leistungsverwertung der erstellten Erzeugnisse am Markt resultierenden Erlöse. Analog zur Kostenrechnung besteht auch die Erlösrechnung aus einer Erlösstellen-, Erlösträger- sowie einer Erlösartenrechnung. Erlöse umfassen das bewertete, betriebszweckbezogene Ergebnis der Leistungserstellung und stellen somit das monetäre Äquivalent der gesamten Leistung dar. Aus der Gegenüberstellung von Kosten- und Erlösrechnung lässt sich schlussendlich eine Ergebnisrechnung bilden.

7.1 Grundtatbestände der Erlösrechnung

Beziehung zwischen Leistung und Erlös Leistungen als mengenmäßige Ausbringung der Produktion lassen sich in Wiedereinsatzleistungen und Absatzleistungen differenzieren (Abb. 7.1). Durch den Verkauf von Absatzleistungen werden Verkaufserlöse generiert. Nicht abgesetzte Leistungen (Lagerzugänge) sowie die Wiedereinsatzleistungen stellen kalkulatorische Erlöse dar. Ebenso wie Kosten, bestehen Erlöse aus einer Wert- und einer Mengenkomponente, die multiplikativ miteinander zu verknüpfen sind.

Die sich aus Verkaufs- und kalkulatorischen Erlösen ergebenden Basiserlöse, erhöht um Zuschläge für Mindermengen, Sonderanfertigungen, Versandverpackungen o. Ä. stellen Bruttoerlöse dar. Diese Bruttoerlöse, vermindert um Erlösberichtigungen (Rabatte, Skonti etc.), ergeben die Nettoerlöse.

Der Begriff Erlösrealisation bezeichnet den Zeitpunkt, an dem ein Erlös als gesichert gilt und im Rechnungswesen berücksichtigt werden kann. Der Zeitpunkt des Erlösausweises bestimmt dabei die Höhe des kurzfristigen Betriebsergebnisses. Allerdings fehlt in der Erlösrechnung eine klare Definition zur Erfassung und Festlegung des Realisationszeitpunktes (vgl. zu den verschiedenen Erlösrealisationszeitpunkten Abb. 7.2).

7 Aufbau der Erlös- und Ergebnisrechnung

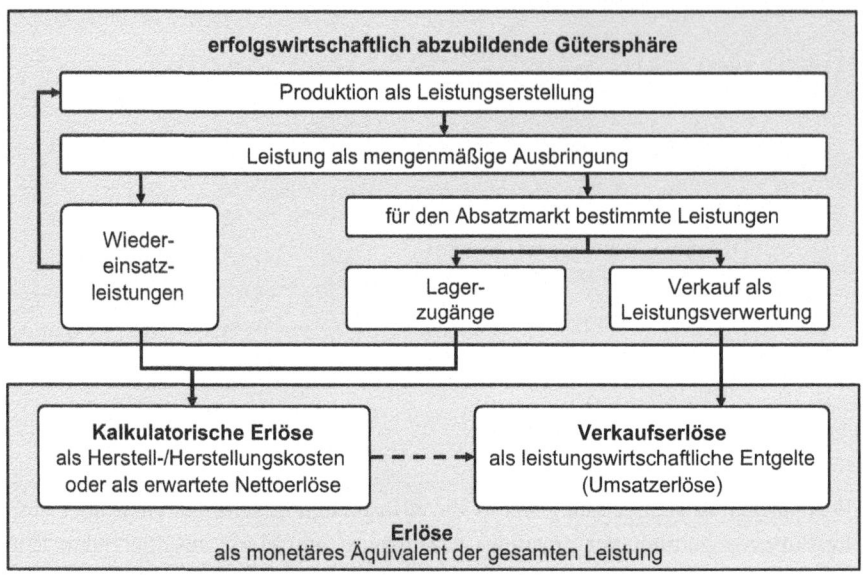

Abb. 7.1 Der Zusammenhang zwischen Leistung und Erlös

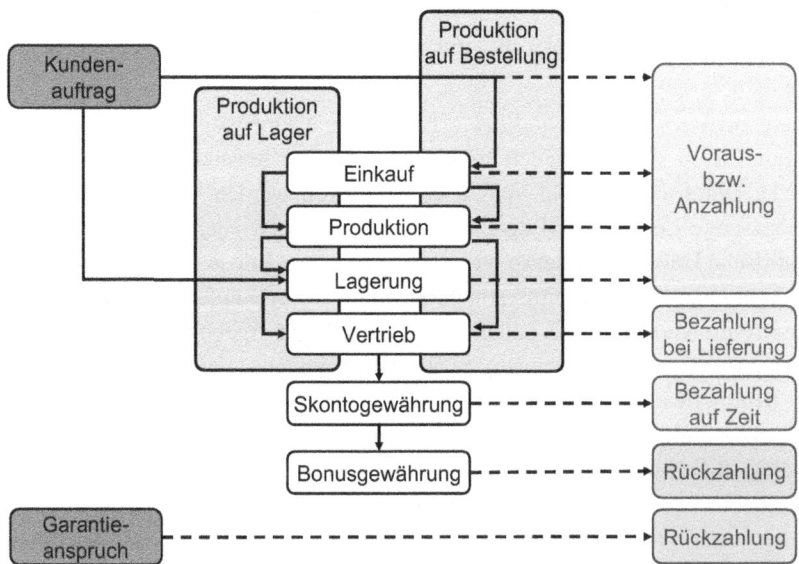

Abb. 7.2 Zeitraum der Erlösrealisation

Sinngemäß kann von einer Erlösrealisation im internen Rechnungswesen frühestens die Rede sein, wenn durch die Kombination eingesetzter Produktionsfaktoren eine Leistung entstanden ist.

Die genaue Erfassung der Erlöse ist nur schwer durchzuführen, da Änderungen der Erlöse auch noch zu späteren Zeitpunkten erfolgen können. Neben der Frage, wann Erlöse anfallen, ist auch die Abgrenzung der Erlöshöhe nicht unproblematisch, da sich die Höhe der Erlöse im Zeitablauf ändern kann (z. B. durch zukünftige Rückzahlungsverpflichtungen). In der Erlöserfassung sind diese Änderungen so weit als möglich zu planen und zu berücksichtigen (Vorsichtsprinzip). Die Ergebnisse der Kosten- und Erlösrechnung bilden die Ausgangsdaten für die Ergebnisrechnung.

7.2 Konzepte der Ergebnisrechnung

Durch die Verbindung von Kosten- und Erlösinformationen wird ersichtlich, ob ein Unternehmen erfolgreich wirtschaftet. Die Ergebnis- bzw. Erfolgsrechnung stellt eben jene Kosten- und Erlösinformationen gegenüber und kann damit das Ergebnis bzw. den Erfolg eines Unternehmens aufzeigen. Das Gegenstück der Ergebnisrechnung im externen Rechnungswesen wird gewöhnlich als Gewinn- und Verlustrechnung bezeichnet.

Sinnvolle Analyseperspektiven der Ergebnisrechnung stellen die Betrachtung des Stück- sowie des Periodenerfolges dar. Während man durch die Gegenüberstellung von Stückerlösen und Stückkosten (Selbstkosten) ermitteln kann, ob etwa ein abgesetztes Produkt zum Unternehmenserfolg beiträgt, ermöglicht die Gegenüberstellung aller Kosten und Erlöse einer Abrechnungsperiode die Ermittlung des Unternehmenserfolges während dieser Abrechnungsperiode. Die Periodenerfolgsrechnung muss dabei allerdings nicht grundsätzlich auf Gesamtunternehmensebene erfolgen, sondern kann für ganz unterschiedliche Betrachtungsobjekte durchgeführt werden. So ist es z. B. auch möglich den Erfolg eines Produkttyps, einer Produktsparte oder einer Vertriebsregion für eine abgegrenzte Rechnungsperiode zu ermitteln.

Ein Problem der Ergebnisrechnung ergibt sich meist dadurch, dass Unternehmen nicht alle Produkte auch absetzen die sie hergestellt haben. Vielmehr ist es in vielen Fällen so, dass Unternehmen Lagerbestände auf- bzw. abbauen. Während sich die erzielten Umsatzerlöse nur auf die abgesetzten Produkte beziehen, ergibt sich auf Kostenseite ein komplizierteres Bild. Einerseits werden die in einer Periode anfallenden Herstellkosten durch die gesamte Produktionsmenge verursacht, andererseits fallen z. B. Vertriebskosten hauptsächlich wegen den abgesetzten Produkten an. Es stellt sich also die Frage, ob entweder die Produktions- oder die Absatzmenge der Kostenermittlung zugrunde gelegt wird. Je nachdem, welche Variante gewählt wird, lässt sich die Ergebnisrechnung in das Gesamt- bzw. in das Umsatzkostenverfahren differenzieren.

Beim produktionsorientierten *Gesamtkostenverfahren* werden den gesamten betrieblichen Erlösen sämtliche Kosten der Abrechnungsperiode gegenübergestellt. Entstandene Bestandsveränderungen werden ebenfalls berücksichtigt. Mit Hilfe des marktorientierten

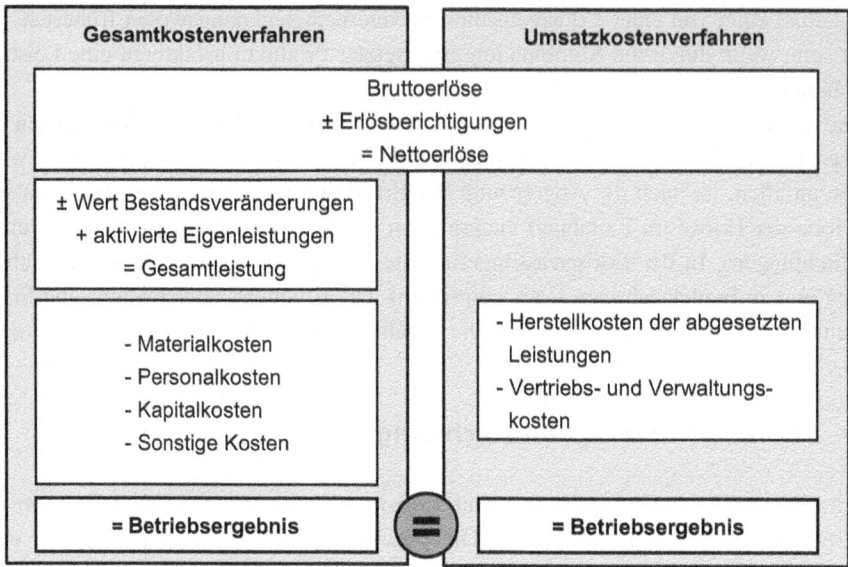

Abb. 7.3 Gesamt- und Umsatzkostenverfahren

Umsatzkostenverfahrens wird das Betriebsergebnis durch die Gegenüberstellung aller Periodenerlöse sowie den Kosten der abgesetzten Produkteinheiten ermittelt. Trotz der unterschiedlichen Vorgehensweise sind bei beiden Verfahren die ermittelten Betriebsergebnisse in der Höhe identisch (vgl. Abb. 7.3).

In der Praxis finden beide Verfahren vorwiegend auf Vollkostenbasis Anwendung. Die Ergebnisrechnung auf Vollkostenbasis bedeutet, dass die vollen Kosten, also sowohl die fixen als auch die variablen Kosten, auf die Kostenträger verrechnet werden (*Nettoergebnisrechnung*). Im Gegensatz dazu bilden sich die Selbstkosten im Teilkostenverfahren (*Bruttoergebnisrechnung*) nur auf Basis der variablen oder Einzelkosten. Aus der Gegenüberstellung der Erlöse mit diesen Teilkosten ergeben sich sodann sogenannte Deckungsbeiträge, die der Deckung der in der Folge noch abzuziehenden Fixkosten (bzw. Gemeinkosten) dienen sollen.

Das Grundprinzip der vollen Kostenverrechnung beinhaltet dabei folgende, kostentheoretische Fehlannahmen:

- Die Verrechnung der Vollkosten impliziert, dass alle Kosten proportional zur Beschäftigungsmenge steigen oder fallen (*Fixkostenproportionalisierung*).
- Werden die vollen Kosten verrechnet, ist es zudem notwendig, die Gemeinkosten mittels willkürlicher Schlüssel auf die Kostenträger zu verteilen (*willkürliche Gemeinkostenschlüsselung*).

Allerdings konnte bereits gezeigt werden, dass einerseits oftmals Kosten existieren, die sich trotz Änderung der Beschäftigungsmenge nicht bzw. nur sprunghaft verändern

7.2 Konzepte der Ergebnisrechnung

(Fixkosten) und dass andererseits die Schlüsselung von Gemeinkosten auf z. T. ungenauen oder gar falschen Annahmen basiert. Aufgrund dieser Problemfelder kann die Vollkostenrechnung, sofern sie als Entscheidungsgrundlage verwendet wird, oft zu Fehlschlüssen führen. Insbesondere hinsichtlich folgender Entscheidungsfelder kann die Vollkostenrechnung falsche Schlussfolgerungen suggerieren:

- Preisbildung.
- Produktportfolio- bzw. Make-or-Buy-Entscheidungen.
- Absatzentscheidungen.

Werden Fixkosten proportionalisiert, hat dies zur Folge, dass die Kosten pro Stück mit sinkenden Herstell- bzw. Absatzmengen zunehmen. Sollte es folglich z. B. durch Konjunkturschwankungen zu einem kaufkraftbedingten Absatzeinbruch kommen, hätte dies zur Folge, dass die kurzfristig nicht abbaubaren Fixkosten auf weniger Produkte verteilt werden müssten, d. h. dass weniger Produkte die gleiche Menge an Fixkosten zu tragen hätten. Werden die Stückkosten folglich zur Preisbildung herangezogen, hätte dies trotz eines schwachen konjunkturellen Umfeldes, steigende Stückpreise zur Folge. Es ist anzunehmen, dass dadurch der Absatz der Folgeperiode weiter sinkt und wiederum die verbleibenden Fixkosten auf noch weniger Produkte verteilt würden. Das Unternehmen würde sich auf Basis der Vollkostenrechnung folglich immer weiter „aus dem Markt herauskalkulieren" (Abb. 7.4).

Periode	Gesamtkosten (T EUR)	Menge (Stück)	Stückkosten (EUR/Stück)	Gewinnzuschlag (EUR/Stück)	Nettopreis (EUR/Stück)
06	856,10	1.990	430,21	21,51	451,72
07	821,70	1.500	547,80	27,39	575,19
08	786,60	1.000	786,60	39,33	825,93
09	751,40	500	1.502,80	75,14	1.577,94

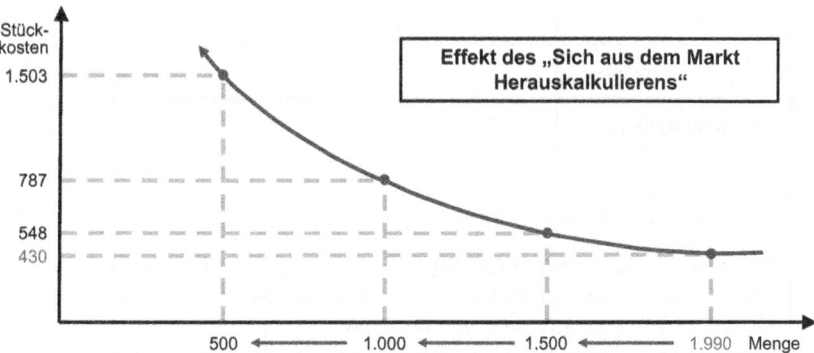

Abb. 7.4 Der Effekt des „Sich aus dem Markt Herauskalkulierens"

Auch bei der Entscheidung, ob ein Produkt in Fremd- oder Eigenfertigung hergestellt werden soll (Make-or-Buy-Entscheidung) kann die Vollkostenrechnung eine falsche Entscheidungsgrundlage liefern. Betrachtet man hierzu das vereinfachte Szenario aus Abb. 7.5, so wäre aus Vollkostenbetrachtung die Fremdvergabe von Produkttyp 1 für Kosten in Höhe von 17 Geldeinheiten als durchaus sinnvoll zu werten, da die vollen Kosten dieses Produkttyps bei 20 Geldeinheiten liegen.

Differenziert man allerdings in direkt zurechenbare Einzel- und nicht zurechenbare Gemeinkosten, so wird ersichtlich, dass bei einer möglichen Fremdvergabe unmittelbar nur Kosten in Höhe von 15 Geldeinheiten eingespart werden können. Die anteilig

Voll- und Teilkostenrechnung bei der Entscheidungsfundierung:

Ergebnis auf Vollkostenbasis:

	Produkttyp 1	Produkttyp 2
Umsatzerlöse	20	20
- Vollkosten	20	15
Produkttyp-Ergebnis	0	+5
Gesamtergebnis	+ 5	

Ergebnis auf Teilkostenbasis:

	Produkttyp 1	Produkttyp 2
Umsatzerlöse	20	20
- Einzelkosten	15	10
Deckungsbeitrag	+5	+10
- Gemeinkosten	-10	
Gesamtergebnis	+ 5	

Szenario "Make-or-Buy": Ein Zulieferer bietet an Produkttyp 1 für Kosten in Höhe von 17 Geldeinheiten zu produzieren.

Szenario "Absatzentscheidung": Ein Abnehmer bietet an Produkttyp 1 entweder für einen Gesamterlös von 17 Geldeinheiten oder gar nicht abzunehmen.

Abb. 7.5 Voll- und Teilkostenrechnung bei der Entscheidungsfundierung

verrechneten Gemeinkosten müssten weiterhin, trotz Fremdvergabe, vom Unternehmen getragen werden. Das Ergebnis würde sich also durch die Fremdvergabe kurzfristig um 2 Geldeinheiten verschlechtern.

Neben Fehlentscheidungen im Hinblick auf die Fremdvergabe kann die Vollkostenbetrachtung darüber hinaus zu fehlerhaften Absatzentscheidungen führen. Beispielsweise ist im Szenario aus Abb. 7.5 denkbar, dass ein Abnehmer das Unternehmen vor die Wahl stellt, Produkttyp 2 zu einem reduzierten Preis von 17 Geldeinheiten abzunehmen, oder auf den Kauf vollkommen zu verzichten.

Aus der Vollkostenbetrachtung wäre ein solches Angebot vermutlich abzulehnen, da ein Erlös von 17 Geldeinheiten nicht die vollen Kosten in Höhe von 20 Geldeinheiten decken würde. Die Entscheidung auf Basis der Vollkostenrechnung wäre folglich, auf die Produktion und den Absatz von Produkttyp 1 zu verzichten.

Aus Teilkostenbetrachtung wird allerdings ersichtlich, dass ein kompletter Verzicht auf den Absatz des Produkttyps 1 und damit auf die Erlöse von 17 Geldeinheiten auch den Verlust eines dazugehörigen positiven Deckungsbeitrags von 2 Geldeinheiten, der zur Deckung der verbleibenden Fixkosten genutzt werden kann, zur Folge hätte. Aufgrund der verbleibenden Fixkosten und ohne den von Produkttyp 1 erwirtschafteten Deckungsbeitrag würde das Gesamtergebnis keinen positiven Erfolg mehr ausweisen. Die Annahme des preisreduzierten Absatzangebots hingegen würde zumindest einen positiven Deckungsbeitrag von 2 Geldeinheiten ermöglichen, was wiederum zumindest einen schlussendlichen Unternehmensgewinn von eben jenen 2 Geldeinheiten aufrechterhalten würde. Während bei einer Entscheidung auf Basis der Vollkostenrechnung kein Gewinn erzielt werden würde, hätte eine Entscheidung auf Teilkostenbasis zumindest einen Restgewinn gesichert.

Trotz dieser Defizite sind Vollkostenrechnungen in der Praxis auch heute noch weit verbreitet. Insbesondere ist dies darauf zurückzuführen, dass für die Kalkulation öffentlicher Aufträge und Leistungen nach den Leitsätzen über die Preisermittlung auf Grund von Selbstkosten (LSP) ein Vorgehen nach den Grundsätzen der Vollkostenrechnung vorgeschrieben ist und auch im Rahmen der Aufstellung von Steuerbilanzen zur Bestandsbewertung und Aktivierung selbsterstellter Anlagen Vollkosteninformationen benötigt werden.

Da allerdings ein wesentlicher Zweck der Kostenrechnung in der Fundierung von Entscheidungen begründet liegt, ist es ratsam, in der Ergebnisermittlung auf die Erkenntnisse der Teilkostenrechnung zurückzugreifen. Die Ergebnisermittlung auf Basis von Teilkosten wird auch als Bruttoergebnis- oder Deckungsbeitragsrechnung bezeichnet, da hier durch einen schrittweisen Abzug anteiliger Kosten sogenannte Bruttoergebnisse oder Deckungsbeiträge berechnet werden, die in der Folge zur Deckung der verbleibenden Kosten dienen sollen.

Das Basiskonzept der Bruttoergebnisrechnung ist das *Direct Costing*. Diese einfache Variante der Teilkostenrechnung wurde schon vor dem zweiten Weltkrieg in den USA entwickelt. Sie ist vor allem dadurch gekennzeichnet, dass fixe (beschäftigungsunabhängige) und variable (beschäftigungsabhängige) Kosten separiert werden. Den von einer Produktart hergestellten und abgesetzten Leistungseinheiten rechnet es nur die

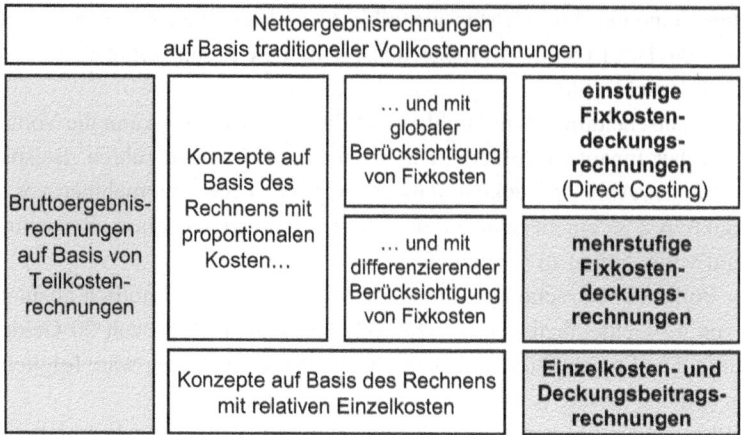

Abb. 7.6 Voll- und Teilkostenrechnung

als proportional unterstellten variablen Kosten zu. Die fixen Kosten sind von dem meist als Deckungsspanne bezeichneten Überschuss der Erlöse über die variablen Kosten zu decken (Abb. 7.6).

Im Gegensatz zum Direct Costing erfolgt bei der mehrstufigen Deckungsbeitragsrechnung eine Aufspaltung des Fixkostenblocks in mehrere Teilblöcke (Fixkostenschichten). Somit lassen sich Deckungsbeiträge für die einzelnen Stufen der Fixkostenhierarchie ermitteln (z. B. Erzeugnisfixkosten, Spartenfixkosten, Unternehmensfixkosten). Diese Differenzierung ermöglicht einen detaillierteren Einblick in die Erfolgsstruktur des Unternehmens (vgl. z. B. Abb. 7.7).

Das Bestreben, unternehmerische Entscheidungen zu untermauern, führt in einer Weiterentwicklung der mehrstufigen Deckungsbeitragsrechnung zur mehrdimensionalen Deckungsbeitragsrechnung. Die mehrdimensionale Deckungsbeitragsrechnung basiert auf dem Grundgedanken *Riebels*, dass Kosten stets nur in Abhängigkeit einer spezifischen Bezugsbasis definiert werden können.

Dabei ist es zunächst unerheblich, welcher Art eine solche Bezugsbasis entspricht. Anders als in der mehrstufigen Deckungsbeitragsrechnung bedeutet dies, dass eine mehrstufige Kostenrechnung nicht zwangsläufig vom Bezugsobjekt des Produkts auszugehen hat. So können „relative Einzelkosten" auch in Abhängigkeit vielfältiger Bezugsgrößenperspektiven gebildet werden (Abb. 7.8). Neben sachlichen Perspektiven, wie z. B. der Auftrags-, Kunden-, Vertriebsgebiet- oder Organisationsstruktur, kann die Kostenrechnung auch zeitliche Perspektiven abbilden. In zeitlicher Hinsicht ist es z. B. denkbar, eine Kostenhierarchie aus Tages-, Monats-, Quartals- und Jahreseinzelkosten zu bilden.

Unabhängig der gewählten Perspektive ist es dabei allerdings notwendig, nur dann Kosten zuzurechnen, wenn dies auf Basis einer realtheoretischen Kostenfunktion auch eindeutig möglich ist. Es muss sichergestellt sein, dass sich Kostenpositionen nicht zwei Bezugsobjekten gleichzeitig zuordnen lassen.

7.2 Konzepte der Ergebnisrechnung

Unternehmung	Bike GmbH				
Sparten	Straßenräder			Sporträder	
Erzeugnisse	Standard	Kids	Special	Einrad	Kunstrad
Bruttoerlöse	2.034,8	860,1	2.139,1	...	...
./. MwSt. und Erlösberichtigungen	481,2	250,2	465,9		
Nettoerlöse	1553,6	609,9	1.673,2		
./. proportionale Einzelkosten	356,6	123,3	633,6	analoge Daten-verdichtung	
Deckungsbeiträge I	1.197,0	486,6	1.039,6		
./. Erzeugnisartenfixkosten	286,0	201,0	303,0		
Deckungsbeiträge II	911,0	285,6	736,6		
∑ ↓					
kumulierte Deckungsbeiträge II			1.933,2		
./. Erzeugnisspartenfixkosten			171,0		
Deckungsbeiträge III			1.762,2	-178,8	
∑ ↓					
kumulierte Deckungsbeiträge III					1.583,4
./. Unternehmensfixkosten					1.711,8
./. proportionale Gemeinkosten					203,6
Betriebsergebnis					-332,0

Abb. 7.7 Beispielhafte Darstellung einer mehrstufigen Deckungsbeitragsrechnung

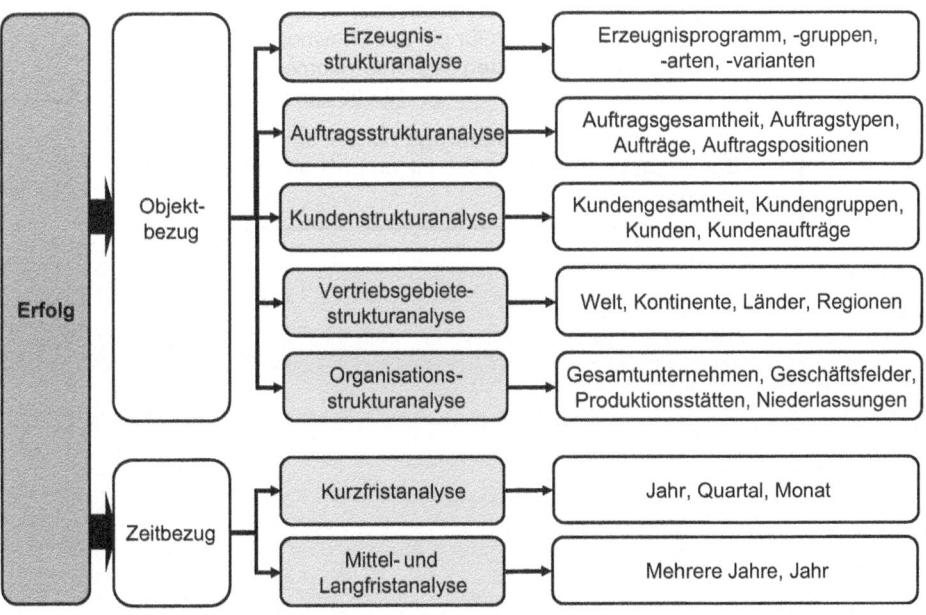

Abb. 7.8 Dimensionen einer Deckungsbeitragsrechnung

Beispielaufgabe 7-1:

Ein Sportartikelhersteller fertigt Alpin Ski und Snowboards in verschiedenen Ausführungen. In der abgelaufenen Periode liefert die Kostenrechnung nachfolgende Informationen zur Bestimmung des Unternehmenserfolges:

Produkt-gruppe	Alpin-Ski			Snowboard	
Produkt	Allround	Fun	Race	Sport	Freestyle
Absatzmenge (Stk.)	1.000	800	500	180	300
Netto-Verkaufspreis (€)	180	210	450	130	190
Materialeinzelkosten (€/Stk.)	60	85	200	80	90
Fertigungslohn (€/Stk.)	85	95	120	60	40
Erzeugnisfixkosten (€)	18.000	25.000	39.000	6.000	12.000

Die Mehrwertsteuer ist nicht zu berücksichtigen! Für die Fertigungsstraße der Alpin-Ski entstanden **Anlagenkosten** in Höhe von **8.000 Euro** und für die der Snowboards **5.000 Euro**. Die **Verwaltungskosten** des Unternehmens beliefen sich in der betrachteten Periode auf **16.000 Euro**.

Ermitteln Sie die **Deckungsbeiträge I und II** der Produkte, den **Deckungsbeitrag III** auf Produktgruppenebene sowie das Betriebsergebnis!

Lösung Beispielaufgabe 7-1:

Produktgruppe	Alpin-Ski			Snowboard		Berechnung
Produkt	Allround	Fun	Race	Sport	Freestyle	
Absatzmenge (Stk.)	1.000	800	500	180	300	
Verkaufspreis (€)	180	210	450	130	190	
Nettoerlöse (€)	180.000	168.000	225.000	23.400	57.000	Verkaufspreis x Absatzmenge
Materialeinzelkosten (€/Stk.)	60	85	200	80	90	
Fertigungslohn (€/Stk.)	85	95	120	60	40	
Variable Kosten	145.000	144.000	160.000	25.200	39.000	(Materialeinzelkosten + Fertigungslohn) x Absatzmenge
Deckungsbeitrag I (€)	35.000	24.000	65.000	-1.800	18.000	Nettoerlöse – Variable Kosten
Erzeugnisfixkosten (€)	18.000	25.000	39.000	6.000	12.000	
Deckungsbeitrag II (€)	17.000	-1.000	26.000	-7.800	6.000	DB I – Erzeugnisfixkosten
Spartenfixkosten (€)	8.000			5.000		
Deckungsbeitrag III (€)	34.000			-6.800		Σ DB II (Sparte) – Spartenfixkosten
Unternehmensfixkosten (€)	16.000					
Betriebsergebnis (€)	11.200					Σ DB III - Unternehmensfixkosten

7.3 Bedeutsame Kennzahlen zur Analyse der Erfolgsstruktur

Insbesondere vor dem Hintergrund der Entscheidungsfundierung spielen aus der Ergebnisrechnung abgeleitete Kennzahlen eine wesentliche Rolle. Kennzahlen können dabei als quantitative Größen verstanden werden, die Sachverhalte in aussagekräftiger und dabei komprimierter Form wiedergeben. Der oben dargelegte Deckungsbeitrag kann z. B. als Kennzahl zur Veranschaulichung des Erfolgsbeitrags eines Produktes oder einer Sparte (je nach Betrachtungsdimension) verstanden werden.

Zur Analyse der Erfolgsstruktur sind neben dem Deckungsbeitrag aber auch noch weitere Kennzahlen denkbar (vgl. hierzu Abb. 7.9). Während der Deckungsbeitrag

Bike GmbH		01	02	03	04	05	06	07	08
Erfolgsstruktur	Dim.	Sparte Straßenräder				Sparte Sporträder			Σ
		Standard	Kids	Special	Σ	Einrad	Kunstrad	Σ	
01 Nettoerlöse	(T EUR)	1.553,6	609,9	1.673,2	3.836,7	283,7	537,8	821,5	4.658,2
02 Nettoerlösanteil Rang	%	33,4 (2)	13,1 (3)	35,9 (1)	82,4	6,1 (5)	11,5 (4)	17,6	100
03 Deckungsbeiträge I	(T EUR)	1.197,1	486,5	1.039,6	2.723,2	-3,8	210,4	206,6	2.929,8
04 DB I-Anteil Rang	%	40,9 (1)	16,6 (3)	35,5 (2)	93,0	0 (5)	7,2 (4)	7,0	100
05 Bruttoerfolgsstärke I Rang	%	77,1 (2)	79,8 (1)	62,1 (3)	71,0	-1,3 (5)	39,1 (4)	25,1	62,9
06 Deckungsbeiträge II	(T EUR)	911,1	285,6	736,6	1.933,3	-133,8	-9,6	-143,4	1.789,8
07 DB II-Anteil Rang	%	47,1 (1)	14,8 (3)	38,1 (2)	100	0 (4)	0 (4)	0	100
08 Bruttoerfolgsstärke II Rang	%	58,6 (1)	46,8 (2)	44,0 (3)	50,4	-47,2 (5)	-1,8 (4)	-17,5	38,4
09 Deckungsbeiträge III	(T EUR)				1.762,3			-178,8	1.583,4
10 DB III-Anteil Rang	%				100 (1)			0 (2)	100
11 Bruttoerfolgsstärke III Rang	%				45,9 (1)			-21,8 (2)	34,0
12 Betriebsergebnis	(T EUR)								-332,0
13 Erfolgsstärke IV	%								-7,1

Abb. 7.9 Beispielhaft dargestellte Kennzahlen der Deckungsbeitragsrechnung

meist nur ein Bezugsobjekt in Isolation betrachtet, können andere Kennzahlen Aussagen über die gesamthafte Struktur, z. B. eines Produktportfolios, liefern. Eine bedeutsame Kennzahl zur Analyse einer solchen Erfolgsstruktur ist z. B. der *Nettoerlösanteil*. Es handelt sich hierbei um den Anteil des Nettoerlöses eines Bezugsobjektes (Produkt, Produktgruppe, Produktart) an der Summe der Nettoerlöse aller Bezugsobjekte.

Der *Deckungsbeitragsanteil* (DB-Anteil) ist der Anteil des Deckungsbeitrags eines Bezugsobjektes an der Summe der positiven Deckungsbeiträge aller Bezugsobjekte. Diese Kennzahl lässt sich nur für Bezugsobjekte bestimmen, die einen positiven Deckungsbeitrag erwirtschaften. Bei einem negativen Deckungsbeitrag ist der Deckungsbeitragsanteil Null. Der DB-Anteil lässt sich auf verschiedenen Stufen einer mehrstufigen Deckungsbeitragsrechnung ermitteln. Umsatzeinbußen bei Produkten mit sehr hohem DB-Anteil können negative Auswirkungen auf den Erfolg eines Unternehmens haben, da die Fixkostendeckung verhältnismäßig stark abnimmt.

Die *Erfolgsstärke* setzt den Deckungsbeitrag und den Nettoerlös eines Bezugsobjektes zueinander in Beziehung. Sie gibt an, wie viel Deckungsbeitrag mit einem Euro Nettoerlös erwirtschaftet wird. Der Deckungsbeitrag stellt eine Bruttoerfolgsgröße dar. Daher spiegelt die Bruttoerfolgsstärke als eine Art Rentabilitätskennzahl die Brutto-Umsatzrentabilität wider.

Zur Gesamtbeurteilung einer Produktpalette müssen immer mehrere Kennzahlen herangezogen werden, da auch Erzeugnisse mit geringer Erfolgsstärke für Unternehmen große Bedeutung erlangen können. Discounter-Produkte beispielsweise werden in großen Mengen zu niedrigeren Preisen verkauft, tragen aber infolge der hohen Umsätze einen großen Anteil zum Deckungsbeitrag bei.

7.4 Break-Even-Analyse

Ein zentrales Instrument, um mittels der Ergebnisrechnung Entscheidungen zu fundieren, bietet die sogenannte Break-Even-Analyse. Die Break-Even-Analyse stellt, wie jegliche Ergebnisrechnung, Kosten und Erlöse gegenüber, legt dabei aber einen besonderen Fokus auf die Beschäftigungsabhängigkeit. Break-Even-Analysen gewähren einen Überblick über die Höhe von Erlösen, Kosten und Gewinnen bzw. Verlusten in alternativen Beschäftigungssituationen. Dadurch lassen sich anschaulich z. B. folgende, betriebswirtschaftliche Fragestellungen bearbeiten:

- Ab welcher Absatzmenge lohnt sich die Einführung eines neuen Produktes?
- Welche Auswirkungen haben Absatzschwankungen bzw. wie stark ist mein Gewinn bei Absatzeinbruch gefährdet?
- Ab welcher Absatzmenge würde sich eine Fremdfertigung lohnen?

Das Grundmodell der Break-Even-Analyse ermittelt die Gewinnschwelle (Break-Even-Punkt) eines Unternehmens als Schnittpunkt der Nettoerlös- und der Gesamtkostenfunktion sowie die dazugehörige kritische Beschäftigung, bei der weder Verlust noch Gewinn entsteht. Neben der kritischen Beschäftigung am Punkt der Gewinnschwelle lassen sich zudem auch Beschäftigungsmengen für ausgegebene Zielgewinne oder -umsatzrenditen berechnen. Darüber hinaus lässt sich der Sicherheitsabstand als Differenz zwischen der geplanten beziehungsweise erreichten und der kritischen Beschäftigung bestimmen, der als Maß für das erfolgswirtschaftliche Risiko dient.

Allerdings ist zu erwähnen, dass die Anwendung der Break-Even-Analyse an sehr strenge Prämissen gebunden ist. So wird mit der Break-Even-Analyse vorausgesetzt, dass Kosten und Erlöse nur von einer Einflussgröße, nämlich der Beschäftigung, abhängen und andere Einflussgrößen wie z. B. Lerneffekte oder Mengenrabatte etc. keine Bedeutung haben. Mit dieser Prämisse wird ebenfalls ein linearer Verlauf der Kosten

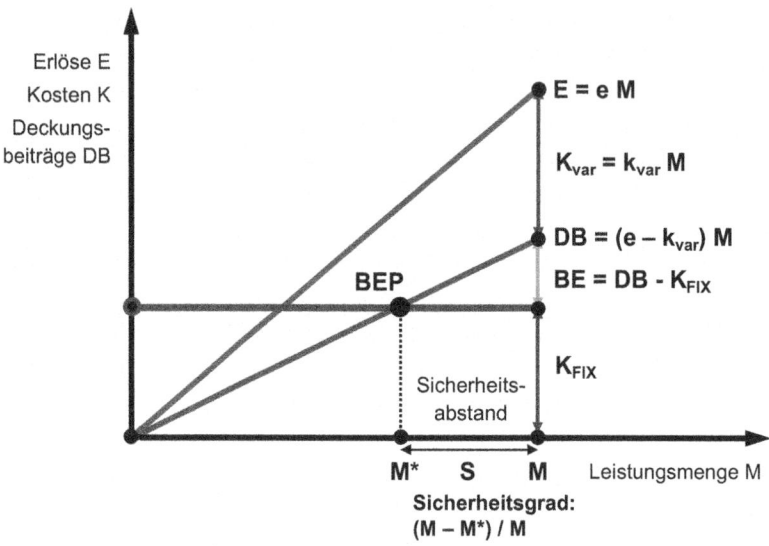

Abb. 7.10 Grafische Darstellung der Break-Even-Analyse

angenommen, der in der Realität meist nicht gegeben ist. Neben der Vernachlässigung des Zeitwerts von Geld wird zudem unterstellt, dass alle Kosten und Preise bekannt und konstant sind. Aufgrund der Sprunghaftigkeit von Fixkosten allerdings engt sich auch hier der Anwendungskreis der Break-Even-Analyse weiter ein. Insgesamt kann die Break-Even-Analyse deswegen aufgrund ihrer sehr einfachen Grundstruktur hauptsächliche für initiierende Näherungsanalysen und zur Problemstrukturierung genutzt werden, wobei für tiefergehende Analysen weitere Instrumente zu nutzen sind (Abb. 7.10).

Eine weitere wesentliche Einschränkung des Grundmodells der Break-Even-Analyse ist die Betrachtung von Einproduktunternehmen. Da allerdings in den meisten Unternehmen nicht nur ein Produkt zum Gewinn des Gesamtunternehmens beiträgt, sondern ein ganzes Portfolio von Produkten das Ergebnis eines Unternehmens bestimmt, ist es notwendig das Grundmodell der Break-Even-Analyse zu erweitern.

Die Abbildung einer Gewinnschwelle im Mehrproduktfall stellt sich allerdings für die Break-Even-Analyse als sehr kompliziert dar, da sich im Mehrproduktfall die kritische Menge aus einer Vielzahl unterschiedlicher Mengenverhältnisse zwischen den Produkten ergeben kann.

Um trotz alledem mittels der Break-Even-Analyse eine Ergebnisanalyse durchführen zu können, sind verschiedene Herangehensweisen möglich. Beispielsweise ist es in manchen Fällen sinnvoll, ein festes Absatzmengenverhältnis, z. B. bei Verbundprodukten, zwischen den einzelnen Produkten anzunehmen. Wenn Produkte immer im gleichen Mengenverhältnis abgesetzt werden, kann ein konstanter Deckungsbeitrag des gesamten Portfolios berechnet werden, der den Fixkosten gegenübergestellt werden kann (Abb. 7.11).

7.4 Break-Even-Analyse

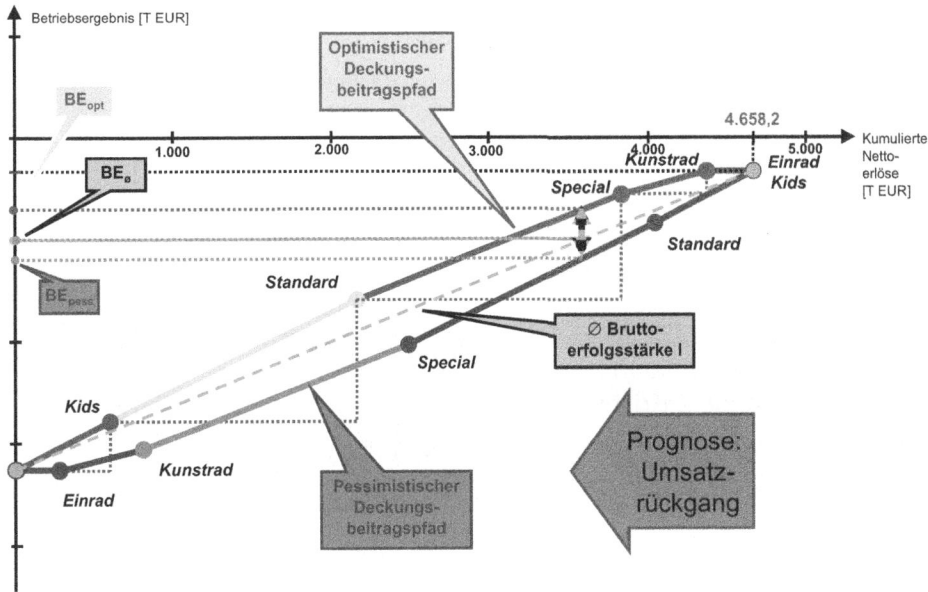

Abb. 7.11 Hip-roof-chart

Eine weitere Möglichkeit für Mehrproduktunternehmen die Gewinnschwelle zumindest näherungsweise bestimmen zu können bietet das sogenannte *Hip-roof-chart*. Die Anwendung eines Hip-roof-charts bedingt das Vorliegen einer Betriebsergebnisrechnung in Form einer einstufigen Deckungsbeitragsrechnung. Statt der Beschäftigungsmenge werden auf der Abszisse der Umsatz beziehungsweise der Nettoerlös abgetragen, auf der Ordinate die fixen Kosten und das Betriebsergebnis. Den zentralen Pfad bildet die durchschnittliche Bruttoerfolgsstärke I. Die Gewinnschwelle befindet sich im Schnittpunkt des Deckungsumsatzes mit der Abszisse. Die Gerade unterliegt der Annahme, dass das Sortiment in der geplanten mengenmäßigen Zusammensetzung abgesetzt wird. Als Besonderheit des Hip-roof-Charts werden zusätzlich ein optimistischer und ein pessimistischer Pfad eingetragen. Im optimistischen Pfad wird davon ausgegangen, dass die ertragsstärksten Produkte zuerst verkauft werden, wogegen man beim pessimistischen Pfad davon ausgeht, dass zuerst die ertragsschwächsten Produkte abgesetzt werden. Der Deckungsumsatz ist folglich beim optimistischen Pfad am geringsten. Das Intervall der drei verschiedenen Gewinnschwellen gibt die Schwankungsbreite des Umsatzes des Sortiments an und ermöglicht somit eine horizontale Risikoanalyse. Des Weiteren ist eine vertikale Risikoanalyse möglich, bei der die Schwankungen des Betriebsergebnisses bei einem bestimmten Umsatz ermittelt werden können.

Beispielaufgabe 7-2:

Die DataSafe GmbH möchte für das nächste Geschäftsjahr eine zusätzliche externe Festplatte „Family" (4 TB) einführen. Folgende Zahlen wurden hierfür aus der Planung entnommen:

Bruttoabsatzpreis	180 €/Stück
Durchschnittliche Erlösschmälerungen	10% vom Umsatz
Beschäftigungsvariable Kosten	90 €/Stück
Beschäftigungsfixe Kosten	1.440.000 €

a. Berechnen Sie anhand des vorliegenden Zahlenmaterials den **Break-Even-Punkt** und den **Break-Even-Nettoumsatz**!

b. Wie viele Stück des Produktes muss das Unternehmen mindestens absetzen, wenn es das angestrebte **Betriebsergebnis** in Höhe von **36.000 €** erreichen will?

> **Lösung Beispielaufgabe 7-2:**
>
> Teilaufgabe a):
>
> Nettoerlöse – Kosten = 0
>
> $(e_{Brutto} - \text{Erlösschmälerung}) \cdot x - (k_{Var} \cdot x + K_{Fix}) = 0$
>
> $(180€ - 18€) \cdot x - (90€ \cdot x + 1.440.000€) = 0$
>
> $162€ \cdot x - 90€ \cdot x - 1.440.000€ = 0$
>
> $72€ \cdot x = 1.440.000€$
>
> $x = 20.000$
>
> → Der Break-Even-Punkt liegt bei einer Menge von 20.000 Stück.
>
> $20.000 \cdot 162€ = 3.240.000€$
>
> → Der Break-Even-Nettoumsatz liegt bei einer Menge von 3.240.000€.
>
> Teilaufgabe b):
>
> $72€ \cdot x - 1.440.000€ = 36.000€$
>
> $72€ \cdot x = 1.476.000€$
>
> $x = 20.500$
>
> → Ein Betriebsergebnis von 36.000€ kann mit einer Absatzmenge von 20.500 Stück erreicht werden.

7.5 Zusammenfassung

- Während die Kostenrechnung den Wertverzehr im Rahmen des Finanz- und Rechnungswesens abbildet, betrachtet die Erlösrechnung die Wertentstehung.
- Als Leistung wird dabei die mengenmäßige Ausbringung der Produktion verstanden. Multipliziert man diese Ausbringung mit Preisen erhält man Erlöse.

- Wesentliche Problematik in der Erlösrechnung stellt die zeitliche Erfassung des Erlösrealisationszeitpunktes dar.
- Die Verbindung der Kosten- mit der Erlösrechnung ermöglicht schließlich eine Ergebnis- bzw. Erfolgsermittlung.
- Eine wesentliche Problemstellung innerhalb der Ergebnisrechnung stellt die Behandlung unfertiger Erzeugnisse dar.
- Während das Gesamtkostenverfahren die Bestandsveränderungen mitberücksichtigt, werden diese im Umsatzkostenverfahren nicht in der Ergebnisermittlung miteinberechnet. Gleichzeitig werden deswegen im Umsatzkostenverfahren auch nicht die gesamten, in einer Periode anfallenden Kosten den Erlösen gegenübergestellt, sondern nur solche, die für die abgesetzten Leistungen angefallen sind.
- Die Ergebnisrechnung ist grundsätzlich auf Voll- sowie auf Teilkostenbasis möglich.
- Während die Vollkostenrechnung die vollen Kosten auf die Kostenträger verrechnet, unterscheidet die Teilkostenrechnung zwischen Einzel- und Gemeinkosten bzw. fixen und variablen Kosten. Dabei werden den einzelnen Kostenträgern entweder nur deren variable oder Einzelkosten zugerechnet.
- Die Vollkostenrechnung kann aufgrund falscher bzw. ungenauer Grundannahmen zu Fehlentscheidungen z. B. im Rahmen von Absatz-, Preis- oder Make-or-Buy-Entscheidungen führen.
- Wesentliche Konzepte der Ergebnisrechnung auf Teilkostenbasis sind die einstufige (Direct Costing), die mehrstufige sowie die mehrdimensionale Deckungsbeitragsrechnung.
- Der zentrale Unterschied zwischen dem Direct Costing und einer mehrstufigen Deckungsbeitragsrechnung liegt in der Aufspaltung des Fixkostenblocks. Die mehrdimensionale Deckungsbeitragsrechnung wiederum ermöglicht neben einer ausschließlich produktorientierten Ergebnisbetrachtung auch die Betrachtung und Ergebnisberechnung anderer Bezugsobjekte.
- Aus der Ergebnisrechnung lassen sich unterschiedliche Kennzahlen zur Fundierung von Entscheidungen ableiten.
- Neben dem Deckungsbeitrag sind hier v. a. Strukturkennzahlen, wie etwa der Nettoerlös- oder der Deckungsbeitragsanteil zu nennen.
- Um das Ergebnis in Abhängigkeit der Beschäftigungsmenge darzustellen und zu analysieren ist das Instrument der Break-Even-Analyse nützlich.
- Aufgrund ihrer einfachen Grundstruktur ist die Break-Even-Analyse nur für eine initiierende Problemstrukturierung geeignet oder gegebenenfalls zu erweitern.

Weiterführende Literatur

Becker, W. (2000). Lexikon zur Kosten-, Erlös- und Ergebnisrechnung. In *Bamberger Betriebswirtschaftliche Beiträge* (Bd. 126). Bamberg: Universität Bamberg: Otto-Friedrich Univ.

Weiterführende Literatur

Becker, W., & Kunz, C. (2010). Kosten- und Ergebnisrechnungssysteme in der praktischen Anwendung. In R. Gleich, U. Michel, W. Stegmüller, & A. Kämmler-Burrak (Hrsg.), *Moderne Kosten- und Ergebnissteuerung* (S. 41–60). Freiburg: Haufe Verlag.

Kloock, J. (1997). Kostenmanagement mehrstufiger Deckungsbeitragsrechnungen. In W. Becker & J. Weber (Hrsg.), *Kostenrechnung – Stand und Entwicklungsperspektiven* (S. 317–336). Wiesbaden: Gabler Verlag.

Riebel, P. (1990). *Einzelkosten- und Deckungsbeitragsrechnung – Grundfragen einer markt- und entscheidungsorientierten Unternehmensrechnung* (6. Aufl.). Wiesbaden: Gabler Verlag.

Riebel, P. (1992). Einzelerlös-, Einzelkosten- und Deckungsbeitragsrechnung als Kern einer ganzheitlichen Führungsrechnung. In Männel (Hrsg.), *Handbuch Kostenrechnung* (S. 247–299): Gabler Verlag.

Schweitzer, M., & Küpper, H.-U. (2016). *Systeme der Kosten- und Erlösrechnung* (11. Aufl.). München: Vahlen Verlag.

Kosten-, Erlös- und Ergebnismanagement 8

8.1 Begriff, Problemfelder und Aufgabengebiete des Kosten-, Erlös- und Ergebnismanagements

Wie bereits in Kap. 2.3 kurz angeschnitten hat sich in letzter Zeit die Fundierung von Maßnahmen des strategischen Kostenmanagements als weiterer wesentlicher Zweck der Kosten-, Erlös- und Ergebnisrechnung herauskristallisiert. Diese neue Zwecksetzung liegt dabei in verschiedenen Veränderungen in der Unternehmensin- sowie -umwelt begründet, die es erforderlich machen, die traditionelle Sichtweise der Kosten-, Erlös- und Ergebnisrechnung um strategische Aspekte des Kostenmanagements zu erweitern. Beispielhaft können als wesentliche Veränderungen im betriebswirtschaftlichen Kontext genannt werden:

1. Der in vielen Märkten steigenden Wettbewerbsdruck und die damit einhergehenden erforderlich werdende stärkere Marktorientierung.
2. Das Aufkommen neuer Technologien und die damit verbundene wachsende Anlagen- und folglich Gemeinkostenintensität.
3. Die aufgrund der oben genannten Entwicklungen einhergehende Veränderung in Organisationsstrukturen von traditionellen Funktionsbereichen hin zu komplexen Prozess-, Divisions- oder Matrixorganisationen.

Abgeleitet aus diesen neuen Entwicklungen ergibt sich eine Vielzahl neuer Anforderungen an die ergebnisorientierte Unternehmensführung. So impliziert beispielsweise der steigende Wettbewerbsdruck, dass Unternehmen langfristiger und vor allem marktorientierter kalkulieren müssen. Gleichzeitig beinhaltet eine wachsende Anlagenintensität, dass sich die Kostenstrukturen in Richtung einer stärkeren Gemein- und Fixkostenlastigkeit hin entwickeln. Neben den traditionellen Instrumenten der Kosten-, Erlös- und Ergebnisrechnung, wie sie in den vorherigen Kapiteln dargelegt wurden, haben sich,

> **Kosten-, Erlös- und Ergebnismanagement** ist als Teil der Unternehmenspolitik darauf gerichtet, mit Hilfe von systematisch-methodischen Verfahren eine ganzheitlich geprägte Beeinflussung der unternehmerischen Erfolgssituation eines Betriebes zu erreichen.

Abb. 8.1 Definition und Aufgabenfelder des Kosten-, Erlös- und Ergebnismanagements

diesen Erfordernissen Rechnung tragend, eine Vielzahl neuer kosten- und erlösorientierter Instrumente entwickelt, die folglich versuchen, diesen neuen Informationsbedarf adäquat abbilden zu können.

Um in Anbetracht dieser Vielzahl von neuen Instrumenten, Zwecksetzungen und Anforderungen eine einheitliche Ausrichtung auf die Unternehmenszielsetzung des Kosten-, Erlös- und Ergebniscontrolling gewährleisten zu können, hat sich die konzeptionelle Vorstellung eines integrativen Kosten-, Erlös- und Ergebnismanagements entwickelt. Das Kosten-, Erlös- und Ergebnismanagement ist folglich als konzeptioneller Rahmen zur Integration einzelner Methoden, Instrumente und Werkzeuge zur Gestaltung und Lenkung der betrieblichen Erfolgssphäre zu verstehen. Aufgrund der gesamthaften, integrativen sowie teilweise strategischen Ausrichtung des Kosten-, Erlös- und Ergebnismanagements ist es als Teil der Unternehmenspolitik grundsätzlich der Unternehmensführung zuzuordnen. Das Kosten-, Erlös- und Ergebnismanagement lässt sich dabei in drei generische Aufgabenbereiche untergliedern. So werden im Kosten-, Erlös- und Ergebnismanagement 1) auf Basis von unternehmensexterner und -interner Erfolgsanalysen eine 2) ganzheitlich geprägte Beeinflussung sowie 3) Kontrolle der Erfolgssphäre angestrebt (Abb. 8.1).

Als Ausgangspunkt des Kosten-, Erlös- und Ergebnismanagements gilt es, eine möglichst umfassende Analyse der jeweiligen Kostensituation sowie der spezifischen Kostentreibern eines Unternehmens durchzuführen. Ziel ist es in dieser Phase, eine Problemlandkarte hinsichtlich nachgelagerter Eingriffsmöglichkeiten für die Unternehmensführung zu erstellen sowie ein kosten- und leistungspolitisches Zielspektrum abzuleiten. Dabei ist es notwendig, die Perspektive nicht nur auf die unternehmensinterne Wertkette zu richten, sondern ebenfalls ergebnisrelevante Aspekte von verschiedenen Wertkettenpartnern (z. B. Lieferanten) zu integrieren. Zur Ableitung markt- und wettbewerbsorientierter Kosten- und Leistungsziele ist es in der Analysephase ferner notwendig, sinnvolle Vergleiche mit relevanten Wettbewerbern (Benchmarking) anzustellen sowie Preiserwartungen des Marktes abzubilden.

In der sich anschließenden Phase der Erfolgsbeeinflussung sollen das im Unternehmen herrschende Erfolgsniveau, die Erfolgsstruktur sowie die jeweils zugrunde liegenden Erfolgsverläufe hinsichtlich rentabilitäts-, markt- und wettbewerbsorientierten Erfordernissen gestaltet werden. Hierbei gilt es, durch den gezielten Eingriff in Programme, Projekte, Produkte, Prozesse und Potentiale im Unternehmen sowohl die Erfolgshöhe, die Erfolgsentwicklung als auch die Erfolgszusammensetzung in Richtung der Unternehmenszielerreichung auszugestalten.

Die abschließende Phase der Erfolgskontrolle wiederum dient der Sicherstellung der Wirksamkeit der in der Analyse und Beeinflussung eingesetzten erfolgspolitischen Instrumente. Diese Phase umfasst dabei sowohl eine operative Zielerreichungskontrolle, wie sie z. B. im Rahmen der Plankostenrechnung durchgeführt wird, als auch Aspekte der strategischen Erfolgskontrolle. Innerhalb der strategischen Erfolgskontrolle gilt es sowohl die formalen Abläufe des Kosten-, Erlös- und Ergebnismanagements auf ihre ständige Sinnhaftigkeit und Wirksamkeit hin zu überprüfen (strategische Überwachung), als auch die der Analyse und Beeinflussung zugrunde liegenden Annahmen auf ihre ständige Richtigkeit zu hinterfragen (strategische Prämissenkontrolle).

Die soeben gemachten Aussagen ergänzend soll darauf hingewiesen werden, dass die einzelnen Aufgabenbereiche des Kostenmanagements nicht im Sinne eines sukzessiv abzuarbeitenden Modells, sondern vielmehr im Sinne eines Prozessablaufs verstanden werden sollen, in dem sich die jeweiligen Phasen in ihrer Wirkung gegenseitig bedingen können. So dienen Erkenntnisse der Erfolgskontrolle einer verbesserten Erfolgsanalyse und folglich einer angepassten Steuerung bestehender Erfolgsstrukturen. Auf der anderen Seite wiederum dient beispielsweise die Analyse der Erfolgssituation der nachfolgenden Erfolgskontrolle als Ausgangspunkt für Abweichungsanalysen.

Für einen ersten Einblick in das umfassende Feld des Kosten-, Erlös- und Ergebnismanagements soll in den folgenden Abschnitten ein kurzer Überblick über ausgewählte Instrumente des Teilbereichs des Kostenmanagements gegeben werden.

8.2 Ausgewählte Instrumente des Kostenmanagements

Das Kostenmanagement entspricht demjenigen Teilbereich des Kosten-, Erlös- und Ergebnismanagements, der sich speziell mit der Analyse, Gestaltung und Kontrolle der Kostensphäre eines Unternehmens auseinandersetzt. Wie auch das übergeordnete Kosten-, Erlös- und Ergebnismanagement hat sich das Kostenmanagement aus sich verändernden gesamtbetriebswirtschaftlichen In- und Umweltbedingungen heraus etabliert. Aufgrund eines ständig zunehmenden Wettbewerbsdrucks, sich verändernder Kostenstrukturen sowie der Herausbildung neuartiger Organisationsstrukturen innerhalb und Interaktionsstrukturen zwischen Unternehmen haben sich auch für die Betrachtung der Kostenperspektive eines Unternehmens neue Anforderungen gestellt. Abbildung 8.2 gibt einen Überblick über die sich im Rahmen der Analyse, Gestaltung und Kontrolle der Kostensituation ergebenden Anforderungen an das Kostenmanagement.

Kostenmanagement muss ...

- ... für **angemessene und frühzeitige Kostentransparenz** in der gesamten Wertschöpfungskette sorgen.

- ... die sowohl **markt- als auch rentabilitätsgerechte Konfiguration** der gesamten Kostensphäre anstreben.

- ... die in Bezug auf die Mitwettbewerber der Branche **relative Positionierung** der Kosten erreichen.

- ... die **laufende Planung, Erfassung, Steuerung und Kontrolle** der Kosten im gesamten Unternehmen ermöglichen.

- ... eine auf **Lebenszyklen gerichtete Beeinflussung** der Kosten anstreben.

- ... ein **adäquates Kostenbewusstsein** bei allen Mitarbeitern erzeugen.

Abb. 8.2 Anforderungen an das Kostenmanagement

Abgeleitet aus diesen Anforderungen haben sich im Rahmen des Kostenmanagements spezifische Kosteninstrumentarien herausgebildet, mittels derer der sich verändernde Informationsbedarf gedeckt werden soll (Abb. 8.3).

Neben den klassischen Instrumenten des Out of Company Costing, die bereits in den vorhergehenden Kapiteln im Rahmen der traditionellen Kostenrechnung erläutert wurden, kommen im Rahmen eines integrativen und umfassenden Kostenmanagements

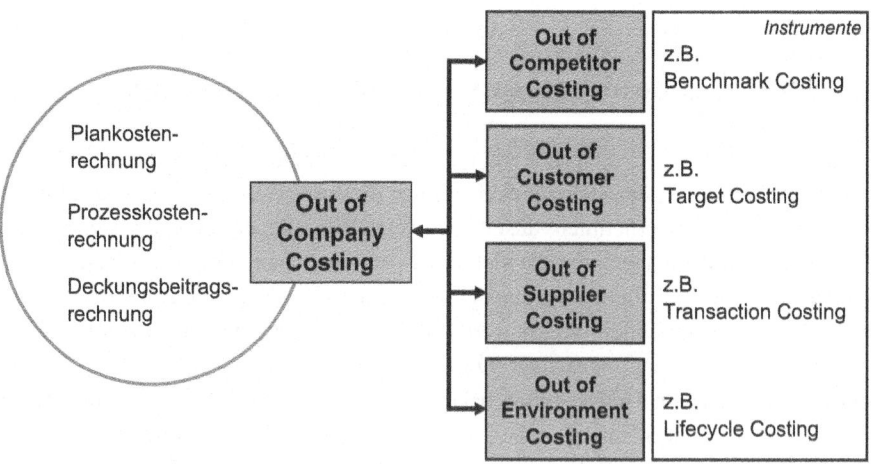

Abb. 8.3 Instrumente des Kostenmanagements

8.2 Ausgewählte Instrumente des Kostenmanagements

Benchmark Costing ist eine systematische Methode, um die (relative) Kostenposition eines Unternehmens (bzw. eines unternehmerischen Bereichs) durch den (ggf. permanenten) Vergleich mit anderen, exzellenten Kostenpositionen zu optimieren.

Erscheinungsformen des Benchmark Costing		
Betriebliches Benchmark Costing	**Kompetitives Benchmark Costing**	**Generisches Benchmark Costing**
Vergleich mit Tochtergesellschaften, mit Werken, mit Niederlassungen oder mit anderen Organisationseinheiten ein und desselben Unternehmens.	Vergleich mit dem Durchschnitt der Branche, der strategischen Gruppe oder Vergleich mit dem (führenden) Wettbewerber innerhalb der Branche.	Vergleich mit (ggf. branchenfremden) Best Practice - Unternehmen.

Abb. 8.4 Definition und Erscheinungsformen des Benchmark-Costing

Instrumente hinzu, die es ermöglichen, die relative Kostenposition zu ermitteln (Benchmark Costing), Kostenstrukturen auf Basis marktorientierter Preiserwartungen zu gestalten (Target Costing), Lieferanten auf Basis von Transaktionskosten zu bewerten (Transaction Costing) sowie die Kosten eines Produkts über den gesamten Lebenszyklus des Produkts zu bestimmen (Lifecycle Costing). In der Folge sollen eben jene Instrumente kurz vorgestellt werden.

8.2.1 Benchmark Costing

Das Instrument des Benchmark Costing entstammt der Notwendigkeit einer wettbewerbsorientierten Kostengestaltung. Um in einem starken Wettbewerbsumfeld bestehen zu können ist es notwendig, einerseits Nachteile gegenüber bestehenden Wettbewerbern zu verringern sowie andererseits Wettbewerbsvorteile zu generieren. Aus dieser Notwendigkeit heraus hat sich das übergeordnete Management-Instrument des Benchmarking entwickelt. Das Instrument des Benchmarking umschreibt dabei das systematische Vergleichen der eigenen Position mit selbstgewählten Vergleichsobjekten, was wiederum zu Rückschlüssen und Maßnahmen zur Verbesserung der eigenen Position beitragen soll. Innerhalb des Instruments des Benchmarking kann dabei unterschieden werden, anhand welcher Dimension (was?) und mit wem sich verglichen werden soll (wer?). Spricht man von Cost Benchmarking so werden hier Vergleiche hinsichtlich der jeweiligen Kostensituation angestrebt. In Bezug auf die Frage, mit wem sich verglichen werden soll, kann zwischen einem unternehmensinternen (betrieblichen) Benchmarking, einem branchen-internen (kompetitiven) Benchmarking sowie einem branchenfremden (generischem) Benchmarking unterschieden werden (vgl. Abb. 8.4).

Art	Vorteile	Nachteile
Internes Benchmarking	▪ Relativ einfache und schnelle Datenerfassung durch Nutzung vorhandener Reporting- Systeme und einer einheitlichen Datenbasis ▪ Geringe Kosten	▪ Konkurrenz zwischen den einzelnen Unternehmensbereichen behindert den Benchmarking-Prozess ▪ Betriebsblindheit
Konkurrenz-Benchmarking	▪ Relevanz der Informationen für das eigene Geschäft ▪ Vergleichbare Prozesse und Produkte ▪ Eindeutige Positionierung im Vergleich zu den Mitbewerbern	▪ Bei relativ starken Unternehmen fehlende Vergleichspartner ▪ Relativ große Probleme bei der Informationsbeschaffung ▪ Branchenblindheit, d.h. die Konkurrenz ist oftmals nicht der Weltbeste
Funktionales Benchmarking	▪ Relativ hohes Potenzial, neue branchenuntypische Lösungen zu finden ▪ Förderung der Kreativität im Unternehmen ▪ Einfacherer, offenerer Informationsaustausch, da kein Wettbewerbsverhältnis besteht ▪ Große Leistungssprünge werden möglich	▪ Geringere Prozess- und Produktvergleichbarkeit ▪ Hoher Aufwand bei der Anpassung gefundener Lösungen an das eigene Unternehmen ▪ Hoher Zeitaufwand

Abb. 8.5 Vor- und Nachteile spezifischer Benchmark-Erscheinungsformen. (in Anlehnung an Kremin-Buch 1998)

Das betriebliche Benchmark Costing umfasst dabei einen betriebsinternen Vergleich, wie er z. B. zwischen Niederlassungen oder Tochterunternehmen innerhalb eines Unternehmensverbundes durchgeführt werden kann. Wesentlicher Vorteil eines solches Vergleiches ist der relativ einfache und kostengünstige Zugang zu meist sehr vergleichbaren Daten. Negativ kann sich ein solcher Vergleich dann auswirken, wenn ein solcher Vergleich zu Konkurrenzsituationen innerhalb des Unternehmens führt. Auch sind neue Impulse, wie sie zumeist nur von außerhalb des Unternehmens zu erwarten sind, kaum durch einen betriebsinternen Vergleich zu generieren (Abb. 8.5).

Das kompetitive Cost Benchmarking sucht einen Kostenvergleich mit Unternehmen aus dem gleichen Branchenumfeld. Dabei kann sich je nach Zielsetzung sowohl mit dem Branchendurchschnitt, als auch mit führenden Wettbewerbern verglichen werden. Vorteilhaft hierbei sind vor allem die Relevanz des Vergleichs hinsichtlich des eigenen Geschäfts sowie die Vergleichbarkeit der Prozess- und Produktinformationen. Wenn es sich um direkte Konkurrenten des eigenen Unternehmens handelt, kann als wesentlicher Nachteil eines kompetitiven Cost Benchmarking die relativ schwierige Datenakquise gesehen werden.

Das generische oder auch funktionale Benchmarking (funktional deswegen, weil hier zumeist der Vergleich von Funktionen und Prozessen im Zentrum der Betrachtung steht) wiederum sucht den Vergleich mit branchenfremden Unternehmen. Einen wesentlichen Vorteil des Vergleichs mit branchenfremden Unternehmen stellt die Möglichkeit dar, neuartige, branchenuntypische Lösungs- und Verbesserungspotentiale aufdecken zu können, welche dann im brancheninternen Vergleich einen Wettbewerbsvorteil darstellen können. Zentraler Nachteil ist dabei jedoch oftmals die nur schwierige Vergleich- und Übertragbarkeit von branchenfremden Lösungen auf die eigene Situation.

Unabhängig davon, welche Vergleichsgröße und welches Vergleichsunternehmen gewählt werden, verläuft das Benchmarking grundsätzlich gemäß drei aufeinanderfolgenden Schritten:

1. Vorbereitung des Benchmarking
2. Analyse des Benchmark-Potentials
3. Umsetzung des Benchmarking

Während im ersten Schritt sowohl das Vergleichsobjekt, der Vergleichsmaßstab sowie die jeweiligen Benchmark-Partner ausgewählt werden, werden im zweiten Schritt die konkreten Vergleichsanalysen angestellt, Lücken aufgedeckt und Ursachen für Lücken identifiziert. Diese identifizierten Ursachen dienen dann im letzten Schritt der Ableitung realistischer Kostenziele sowie der Entwicklung, Umsetzung und Kontrolle von Veränderungsmaßnahmen.

8.2.2 Target Costing

Ein steigender Wettbewerb hat zur Folge, dass Unternehmen stärker auf eine marktorientierte Preisgestaltung zurückgreifen müssen. Um entsprechend auch die Kosten an die Markterfordernisse anpassen zu können, hat sich das Instrument des Target Costing entwickelt. Im Gegensatz zur traditionellen Sichtweise der Kalkulation, die von internen Wertverbräuchen im Unternehmen ausgeht, orientiert sich die Kalkulation des Target Costing an am Markt erzielbaren Preisen (vgl. Abb. 8.6).

Ausgangspunkt des Target Costing ist die Frage, wie viel ein Produkt mit gegebenen Produkteigenschaften und im Vergleich mit dem Wettbewerb aus Kundensicht kosten „darf", so dass es schlussendlich auch gekauft wird. Aus diesen marktorientierten Darf-Kosten werden dann als realistisch (vor dem Hintergrund der bisherigen Kostensituation) eingeschätzte Zielkosten für das eigene Produkt abgeleitet.

In der Folge werden sodann diese Zielkosten mit den tatsächlich im Unternehmen vorzufindenden Kosten verglichen. Sofern sich hieraus eine Diskrepanz ergibt sind Maßnahmen zur Minimierung dieser Lücke (Rationalisierungsmaßnahmen) zu erarbeiten und umzusetzen, bis die bestehende Lücke schließlich geschlossen werden kann (vgl. Abb. 8.7).

Das Instrument des Target Costing kann dabei helfen, die gesamten produktbezogenen Unternehmensaktivitäten kostenpolitisch auszurichten und gegebenen Marktbestimmungen anzupassen. Ferner führt es unweigerlich zu einem gesteigerten Kostenbewusstsein der am Produkt beteiligten Mitarbeiter.

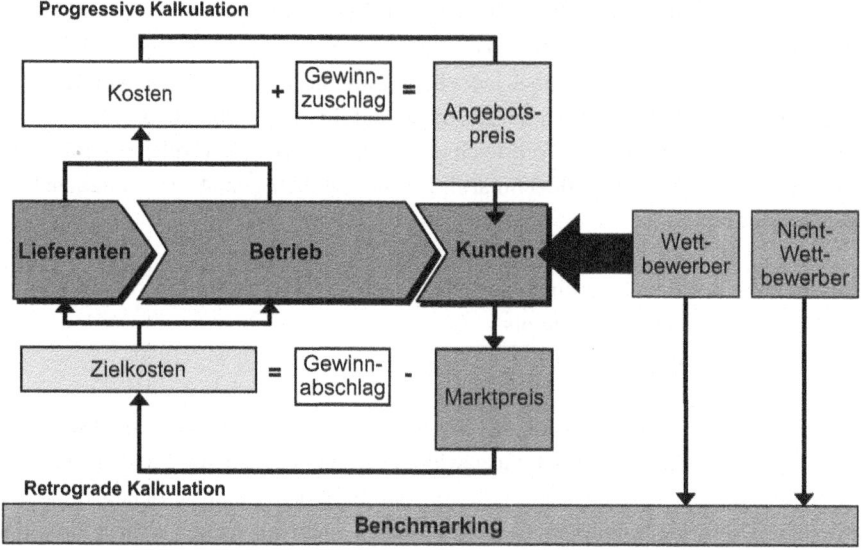

Abb. 8.6 Generischer Ablauf des Target Costing

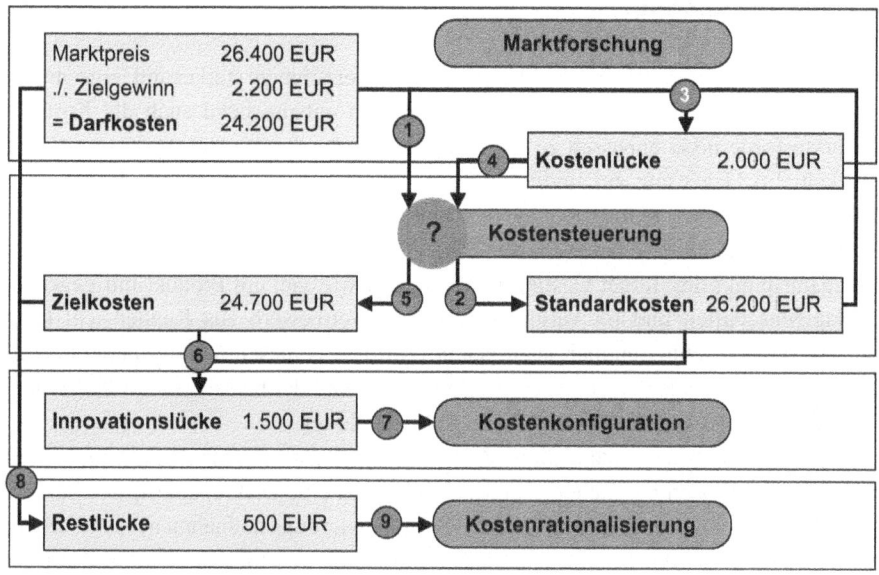

Abb. 8.7 Beispielhafter Ablauf des Target Costing

8.2.3 Transaction Costing

Aufgrund immer stärker werdender Verflechtungen zwischen verschiedenen Unternehmen innerhalb einer Wertschöpfungskette ist es auch für die Analyse, Gestaltung und Kontrolle von Kosteninformationen notwendig, spezifische Kostenaspekte von Wertschöpfungspartnern abzubilden. Aus der Organisationstheorie bzw. spezifischer der Neuen Institutionenökonomik abgeleitet kann hierfür die sogenannte Transaktionskostentheorie einen möglichen Anhaltspunkt liefern.

Die Transaktionskostentheorie analysiert die Interaktion und Kooperation von verschiedenen Vertragspartnern anhand spezifischer Transaktionskosten, die während der Interaktion und Kooperation dieser Partner entstehen. In Abb. 8.8 sind die verschiedenen Kostenarten, die im Laufe einer Kooperations- und Austauschbeziehung entstehen können, abgebildet.

So entstehen schon bei der Suche nach spezifischen Interaktionspartnern, wie z. B. von Lieferanten, Kosten in Form der dafür notwendigen Informationsbeschaffungsaufwand oder durch die Ermittlung spezifischer Kooperationsbedingungen. Ferner kann sich die spezifische Einigung über vertraglich zu vereinbarende Rechte und Pflichten, z. B. in Form von Anwaltskosten, als kostenintensiv gestalten. Auch die Steuerung von

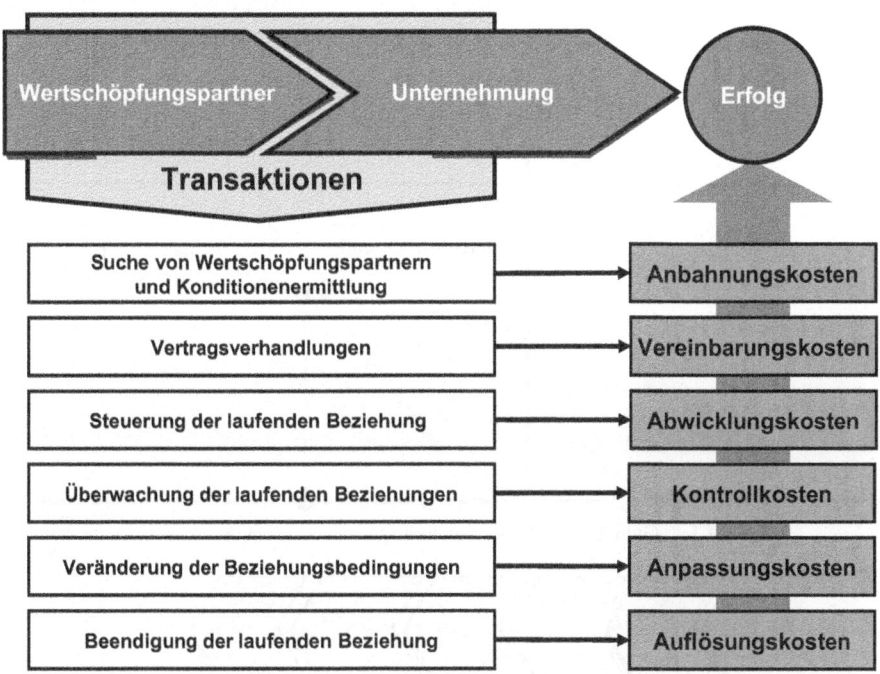

Abb. 8.8 Transaktionskostenarten

bestehenden Beziehungen kann etwa über den Einsatz von notwendigen Kontrollmechanismen Transaktionskosten verursachen.

8.2.4 Lifecycle Costing

Das Instrument des Lifecycle Costing entstammt der Erkenntnis, dass auch Produkte einem generellen Lebenszyklus unterliegen. Insbesondere mit der Verbreitung hochtechnologischer Unternehmen und der Entstehung stark wissensbasierter Produktentwicklung hat sich die Erfordernis ergeben, Produktkosten über einen ganzen Lebenszyklus hin zu analysieren, da die meisten Kosten wissensintensiver Produkte, nicht traditionell in der Marktphase, sondern bereits in der Forschungs- und Entwicklungsphase des Produkts verursacht werden (vgl. Abb. 8.9).

Mit dem Instrument des Lifecycle Costing werden Kosten entlang der zeitlichen Entwicklung eines Produkts in ihrer Höhe analysiert und gestaltet. Vereinfacht kann dabei zwischen drei generischen Phasen des Produktlebens unterschieden werden: 1) in der Vormarktphase werden Kosten von der Ideenfindung bis hin zu Produktrealisierung (Forschung & Entwicklung) analysiert. Nach der Vormarktphase tritt ein Produkt 2) in die Marktphase ein. Hier werden Kosten der Markteinführung und Marktpflege in den Fokus der Aufmerksamkeit gerückt. Schließlich tritt das Produkt nach der Marktphase 3) in die Nachmarktphase ein, wo das Produkt schließlich abzumanagen ist. Hier werden z. B. Recycling- oder rechtliche Folgekosten in die Kostenbetrachtung miteinbezogen.

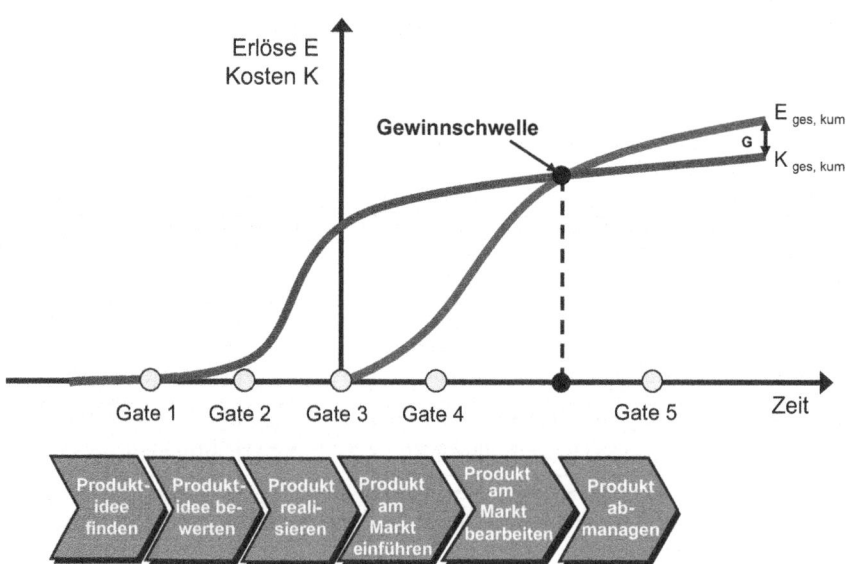

Abb. 8.9 Phasen des Lebenszyklus eines Produkts

8.3 Zusammenfassung

- Das Kosten-, Erlös- und Ergebnismanagement stellt eine umfassende Weiterentwicklung der traditionellen Kosten-, Erlös- und Ergebnisrechnung dar.
- Die Notwendigkeit einer solchen Weiterentwicklung entstammt Veränderungen in der Unternehmensumwelt, wie z. B. einem gesteigerten Wettbewerbsdruck, einer verstärkten Technologisierung sowie einer Veränderung bestehender Organisationsstrukturen.
- Das Kosten-, Erlös- und Ergebnismanagement hat zum Ziel, der Vielzahl neuartiger und traditioneller Instrumente, Methoden und Werkzeuge der Kosten- und Erlösgestaltung einen übergeordneten konzeptionellen Rahmen zu liefern.
- Das Kosten-, Erlös- und Ergebnismanagement lässt sich dabei in drei generische Aufgabenbereiche untergliedern: 1) Ergebnisanalyse, 2) Ergebnisbeeinflussung und 3) Ergebniskontrolle.
- Die Ergebnisanalyse versucht eine Problemlandkarte der bestehenden Erfolgssituation zu zeichnen und ein realistisches Zielspektrum zur Beeinflussung der Erfolgssituation abzuleiten.
- Die Ergebnisbeeinflussung wiederum versucht die bestehenden Potentiale, Programme, Produkte, Projekte sowie Prozesse im Unternehmen hinsichtlich rentabilitäts-, markt- und wettbewerbliche Erfordernisse hin zu gestalten.
- Die Ergebniskontrolle schließlich unternimmt sowohl eine operative Ergebniskontrolle eingeführter Gestaltungsmaßnahmen als auch eine strategische Kontrolle zugrunde liegender Prämissen und formaler Abläufe des Kosten-, Erlös- und Ergebnismanagements.
- Ausgewählte Instrumente des Kostenmanagements sind das Benchmark Costing, das Target Costing, das Transaction Costing sowie das Lifecycle Costing.
- Das Benchmark Costing entstammt einer verstärkt notwendig gewordenen Wettbewerbsorientierung und versucht mittels des Vergleichs mit anderen Unternehmen Kostenpotentiale aufzudecken.
- Das Target Costing entstammt der Notwendigkeit einer marktorientierten Preisgestaltung und analysiert die unternehmensinternen Kosten vor dem Hintergrund marktgängiger Preise.
- Das Transaction Costing schafft Transparenz hinsichtlich verschiedener Kostenarten, die im Rahmen von Transaktionen und Kooperationen entstehen können.
- Das Lifecycle Costing schließlich analysiert die Kosten eines Produkts über dessen gesamten Lebenszyklus hinweg.

Weiterführend Literatur

Becker, W. (1997). Dimensionen der Kostenpolitik. In B. von Wolfgang & J. Weber (Hrsg.), *Kostenrechnung, Stand und Entwicklungsperspektiven, Festschrift zum 60. Geburtstag von Wolfgang Männel* (S. 1–25). Wiesbaden: Gabler Verlag.

Coenenberg, A. G. (1999). *Kostenrechnung und Kostenanalyse* (4. aktualisierte Aufl.). Landsberg/Lech: Verlag Moderne Industrie.

Kremin-Buch, B. (2007). *Strategisches Kostenmanagement: Grundlagen und moderne Instrumente; mit Fallstudien* (4. überarb. Aufl.). Wiesbaden: Gabler Verlag.

Glossar

Abschreibungen (S. 58) Kostenmäßiges Äquivalent für die Wertminderung abnutzbarer Gebrauchsgüter. Sie verteilen die einmaligen für die Anschaffung oder Herstellung anfallenden Ausgaben bzw. Auszahlungen auf die einzelnen Teilperioden der wirtschaftlichen Nutzungsdauer bzw. auf die einzelnen Leistungseinheiten, die insgesamt während dieser Nutzungsdauer damit be- oder verarbeitet werden.

Äquivalenzziffernkalkulation (S. 90) Kalkulationsverfahren, das für Mehrproduktbetriebe konzipiert ist, die mehrere relativ eng miteinander verwandte Erzeugnisse produzieren. Es baut auf der Hypothese auf, dass die Kosten dieser Produktsorten in einem festen Verhältnis zueinander stehen. Diese Kostenrelationen werden mit Hilfe von Äquivalenzziffern ausgedrückt und die Gesamtkosten anhand dieser Gewichtungsfaktoren auf die einzelnen Erzeugnisarten verteilt.

Anderskosten (S. 22) Kostenkategorie, die aufwandsverschiedene kalkulatorische Kosten umfasst. Sie entstehen, wenn in der Aufwandsrechnung erfasste, bewertete Güterverzehre, die grundsätzlich die Eigenschaften wertmäßiger Kosten aufweisen, für Zwecke der Kostenrechnung anders berechnet werden.

Aufwendungen (S. 20) Handelsgesetzlich normierte Rechengröße, die vor allem den Güterverzehr im Betrieb abbildet. Die Gegenüberstellung von Aufwendungen mit Erträgen dient der periodengerechten Erfolgsermittlung im Rahmen der Gewinn- und Verlustrechnung des Jahresabschlusses. Aufwendungen repräsentieren den bewerteten Verzehr von Wirtschaftsgütern einer bestimmten Periode.

Alternativ dazu lassen sich Aufwendungen auch bestandsgrößenorientiert definieren: Aufwendungen sind Vermögensabnahmen, die nicht begleitet werden von Zunahmen anderer Vermögensgegenstände, Schuldenabnahmen, Eigenkapitalrückgewährungen oder Gewinnausschüttungen, sowie Schuldenzunahmen, die nicht begleitet werden von Abnahmen anderer Schulden, Umbuchungen aus dem Eigenkapital oder Vermögenszunahmen.

Ausgaben (S. 19) Rechengröße, die den Umfang jener Zahlungsverpflichtungen einer Periode abbildet, die durch die in diesem Zeitraum beschafften (Real-)Güter entstehen. Ausgaben sind das monetäre Äquivalent einer eingekauften (Real-)Gütermenge, die mit einem Geldabgang verbunden sein können, aber nicht müssen. Alternativ ist eine Definition von Ausgaben auch über die zugehörige Bestandsgröße Nettogeldvermögen (Zahlungsmittelbestand + Forderungsbestand − Bestand an Verbindlichkeiten) möglich: Ausgaben stellen eine Minderung des Nettogeldvermögens eines Unternehmens dar.

Auszahlungen (S. 18) Rechengröße, die primär der Abbildung von Geldbewegungen dient. Auszahlungen sind Übertragungen von Zahlungsmitteln („Geld") vom betrachteten Betrieb auf andere Wirtschaftssubjekte.

Benchmark Costing (S. 157) Das Instrument des Benchmarking umschreibt das systematische Vergleichen der eigenen Position mit selbstgewählten Vergleichsobjekten, was wiederum zu Rückschlüssen und Maßnahmen zur Verbesserung der eigenen Position beitragen soll. Das Benchmark Costing bezieht sich dabei auf den Vergleich hinsichtlich der eigenen Kostensituation mit der Kostensituation eines Vergleichspartners. Der Vergleichspartner kann dabei betriebsintern, branchenintern oder branchenfremd gewählt werden.

Beschäftigungsfixe Kosten (S. 36) Kostenkategorie, die aus einer Differenzierung der Kosten nach ihrem Verhalten bei Änderung der Kosteneinflussgröße Beschäftigung resultiert. Im Gegensatz zu beschäftigungsvariablen Kosten bleibt ihre Höhe bei Variationen des Leistungsvolumens innerhalb gegebener Kapazitäten konstant, was aber nicht bedeutet, dass diese Kostenkategorie absolut unbeeinflussbar ist.

Beschäftigungsvariable Kosten (S. 36) Kostenkategorie, die aus der Gliederung der Kosten nach ihrer Reaktion auf Beschäftigungsänderungen hervorgeht. Im Gegensatz zu beschäftigungsfixen Kosten ändert sich ihre Höhe bei gegebener Kapazität mit dem Leistungsvolumen „automatisch" (zwangsläufig) innerhalb eines angegebenen Intervalls.

Betriebsabrechnungsbogen (BAB) (S. 72) Technisch-organisatorisches Hilfsmittel der Kostenstellenrechnung. Er weist zeilenweise die Kostenarten zur Erfassung der Kostenträgergemeinkosten aus, spaltenweise führt er die im Kostenstellenplan unterschiedenen Kostenstellen an. Der BAB zeigt nicht nur, welche primären Gemeinkosten für die verschiedenen Kostenstellen angefallen sind, sondern auch die abgerechneten Kosten für innerbetriebliche Leistungen.

Betriebsergebnis (S. 129) Saldo, der aus der periodenbezogenen Gegenüberstellung von Erlösen und Kosten eines Unternehmens resultiert. Dieses ist vom Jahresüberschuss bzw. -fehlbetrag der Gewinn- und Verlustrechnung abzugrenzen und stimmt nicht zwangsläufig mit diesem überein.

Controlling (S. 9) Controlling stellt sich als eine integrierte Aufgabe der Unternehmensführung dar, die im Dienste der Optimierung von Effektivität und Effizienz das initialisierende Anstoßen sowie das wertschöpfungsorientierte Ausrichten des Handelns von Betrieben sicherzustellen hat. Diese originäre Funktion des Controlling wird hier als Lokomotion bezeichnet.

Deckungsbeitrag (S. 135) Bruttoerfolgsgröße, die den Beitrag eines Produktes zur Deckung noch nicht in der Berechnung berücksichtigter Kosten und darüber hinaus zur Erzielung des Nettoergebnisses aus-weist. In Abhängigkeit von dem zugrundeliegenden

Kosten-rechnungssystem ergeben sich unterschiedliche Berechnungs- und Interpretationsmöglichkeiten des Deckungsbeitrags.

Direct Costing (S. 134) Einfache Variante der Teilkostenrechnung, die fixe (beschäftigungsunabhängige) und variable (beschäftigungsabhängige) Kosten separiert. Den hergestellten und abgesetzten Leistungseinheiten werden nur die variablen Kosten zugerechnet. Die fixen Kosten sind von dem Überschuss der Erlöse über die variablen Kosten (Deckungsspanne) zu decken.

Divisionskalkulation (S. 89) Kalkulationsverfahren, das auf Betriebe ausgerichtet ist, die in Massenfertigung nur eine einzige Erzeugnisart herstellen und absetzen. Das Grundprinzip der Divisionskalkulation beruht auf einer Division der innerhalb einer Abrechnungsperiode entstandenen Gesamtkosten durch die in diesem Zeitraum erstellte Leistungsmenge.

Durchschnittsprinzip (S. 33) Spezielles Kostenverteilungsprinzip. Nach dieser Verteilungsregel sollen Bezugsobjekte die (nicht direkt zurechenbaren) Kosten nach Gleichverteilungsgesichtspunkten tragen. Mittels einfacher Division rechnet man den nur für eine Gesamtgröße erfass- bzw. messbaren Kostenbetrag auf gleiche Teilmengen um.

Einnahmen (S. 19) Rechengröße, die jene Geld- und Kreditbewegungen abbildet, die im Zusammenhang mit (Real-)Güterverkäufen stehen. Einnahmen sind das monetäre Äquivalent der verkauften (Real-)Gütermenge einer Periode. Sie setzen sich zusammen aus Einzahlungen, Forderungszunahmen sowie Schuldenabnahmen.

Einzahlungen (S. 18) Rechengröße, die – ebenso wie die Auszahlungen – primär der Abbildung von Geldbewegungen dient. Einzahlungen sind Übertragungen von Bar- oder täglich fälligem Buchgeld von anderen Wirtschaftssubjekten auf den betrachteten Betrieb, was zu einer Zunahme des Zahlungsmittelbestands führt.

Einzelkosten Kostenkategorie, die aus einer Differenzierung der Kosten nach ihrer Zurechenbarkeit auf Bezugsobjekte hervorgeht. Im Gegensatz zu Gemeinkosten sind diese bestimmten Bezugsobjekten eindeutig und somit direkt verursachungsgerecht zurechenbar. Neben den Endprodukteinheiten kommen als Bezugsobjekte beispielsweise auch Produktgruppen, Projekte, Prozesse, Kostenstellen und Abrechnungsperioden in Frage.

Endkostenstellen (S. 71) Kostenstellentyp, der auf eine abrechnungstechnische Differenzierung von Kostenstellen zurückgeht. Sie wirken direkt an der Bereitstellung, Erstellung und Vermarktung der absatzbestimmten Leistungen mit und rechnen ihre Kosten unmittelbar auf die jeweiligen Kostenträger ab.

Erlöse (S. 23) Rechengröße, die bestimmte Güterbewegungen im Betrieb abbildet. Über den Inhalt des Erlösbegriffs herrscht in der Betriebswirtschaftslehre keine einheitliche Meinung. Als Gegenbegriff zu den Kosten umfasst er die bewertete, betriebsbezogene Leistungserstellung.

Erlösschmälerungen (S. 126) Negative Erfolgsvariablen, die einen Abzugsposten von den Erlösen darstellen. Sie treten nur im direkten Beziehungsverhältnis zwischen Verkäufer und Käufer auf, wenn diesem beispielsweise Skonti oder ähnliche Preisnachlässe gewährt wer-den.

Erträge Handelsgesetzlich normierte Rechengröße, die vor allem die Güterentstehung im Betrieb abbildet und eine Reinvermögens-erhöhung herbeiführt. Sie stellen den Gegenbegriff zu den Aufwendungen dar und bezeichnen den vorwiegend durch die bewertete Güterentstehung bewirkte Wertzuwachs einer Periode, soweit dieser Einnahmen hervorruft.

Fixe Kosten Kostenkategorie, die aus einer Differenzierung der Kosten nach ihrem Verhalten bei Änderung einer Kosteneinflussgröße resultiert. Im Gegensatz zu variablen Kosten ändert sich ihre Höhe bei Variation einer bestimmten Kosteneinflussgröße innerhalb eines angegebenen Intervalls nicht.

Gemeinkosten Kostenkategorie, die aus der Differenzierung der Kosten nach ihrer Zurechenbarkeit auf Bezugsobjekte resultiert. Im Gegensatz zu Einzelkosten entstehen diese für Bezugsobjekte gemeinsam. Daher können sie nur im Wege einer letztlich stets willkürlichen Schlüsselung auf einzelne Kalkulationsobjekte verteilt werden.

Gesamtkostenverfahren (S. 128) Kostenartenorientiertes Verfahren der Betriebsergebnis-rechnung, das den gesamten Kosten einer Abrechnungs-periode den gesamten Betriebsertrag dieses Zeitraums gegenüberstellt. Ist die Absatzmenge größer (kleiner) als die Produktionsmenge, müssen die Umsatzerlöse um den Wert der Bestandsverminderungen (Bestandserhöhungen) verringert (erhöht) werden.

Gleichungsverfahren (S. 80) Verfahren der gesamtleistungsbezogenen Abrechnung der Kosten innerbetrieblicher Leistungen, das die innerbetrieblichen Leistungsverflechtungen durch ein System linearer Gleichungen erfasst. Diese Methode wird angewandt, wenn zwischen den Vorkostenstellen ein wechselseitiger Leistungsaustausch stattfindet.

Grundkosten (S. 22) Kostenkategorie, die zur Charakterisierung der Beziehung zwischen Kosten und Aufwendungen dient. Aufwandsgleiche Kosten bezeichnet man als Grundkosten.

Hauptkostenstellen (S. 71) Kostenstellentyp, der unter abrechnungstechnischen Aspekten zu den Endkostenstellen zählt. Die von ihnen erbrachten Leistungen stehen in unmittelbarem Zusammenhang mit der Herstellung und dem Absatz der ausgehend vom Unternehmensziel festgelegten Hauptprodukte.

Hilfskostenstellen (S. 71) Kostenstellentyp, der abrechnungstechnisch den Vorkostenstellen zuzuordnen ist. Sie tragen nur mittelbar zur Erstellung der Absatzleistungen bei, indem sie innerbetriebliche Leistungen für andere Kostenstellen erbringen. Es lassen sich allgemeine Hilfskostenstellen, die für sehr viele andere Kostenstellen Leistungen erzeugen, und unternehmensbereichsbezogene Hilfskostenstellen unterscheiden.

Identitätsprinzip (S. 33) Spezielles Kostenzurechnungsprinzip. Es sieht vor, dass einem bestimmten Bezugsobjekt jene Kosten als Einzelkosten zugerechnet werden, deren Anfall auf dieselbe Entscheidung zurückzuführen ist wie das Bezugsobjekt selbst.

Istkosten (S. 29) Kostenkategorie, die sich aus der Differenzierung von Kosten nach ihrem Zeitbezug ergibt. Istkosten sind die innerhalb einer Abrechnungsperiode effektiv angefallenen Kosten, die aus der Multiplikation der tatsächlichen Istverbräuche und der Istpreise (oder auch Festpreise) resultieren.

Iterationsverfahren (S. 75) Verfahren der gesamtleistungsbezogenen Abrechnung der Kosten innerbetrieblicher Leistungen, das zunächst – unter Außerachtlassung der wechselseitigen Leistungsverflechtungen – mit vorläufigen Verrechnungspreisen eine unvollständige Verrechnung vornimmt, um dann durch Einbeziehung der entstehenden Differenzen schrittweise zu einer vollständigen Verrechnung zu gelangen.

Kalkulatorische Kosten (S. 22) Kostenkategorie, die aus der Differenzierung der Kosten nach ihrem Zusammenhang mit Aufwendungen resultiert. Im Gegensatz zu den Grundkosten stellen kalkulatorische Kosten aufwandsungleiche Kosten dar. Anderskosten und Zusatzkosten sind Ausprägungsformen kalkulatorischer Kosten.

Kausalprinzip i. e. (S. 33) Spezielles Kostenzurechnungsprinzip. Diesem liegt die Vorstellung einer Ursache-Wirkungs-Beziehung zwischen Leistungen und Kosten zugrunde, so dass ein Bezugsobjekt nur diejenigen Kosten tragen soll, die es verursacht hat.

Kosten (S. 18) Rechengröße, die bestimmte Güterbewegungen im Betrieb abbildet. Über den Inhalt des Kostenbegriffs herrscht in der Betriebswirtschaftslehre keine einheitliche Meinung. Überwiegend lässt er sich aber durch drei Wesensmerkmale charakterisieren:

- Es liegt ein mengenmäßiger Güterverzehr vor.
- Der Güterverzehr bezieht sich auf Aktivitäten der Leistungserstellung und -verwertung.
- Der mengenmäßige Güterverzehr ist monetär zu bewerten.

Kostenartenrechnung (S. 47) Teilgebiet der Kostenrechnung, das sämtliche innerhalb einer Periode für die Erstellung und Verwertung betrieblicher Leistungen anfallenden Kosten vollständig, eindeutig und überschneidungsfrei nach einzelnen Kostenarten gegliedert erfasst und ausweist.

Kosten-, Erlös- und Ergebnismanagement (S. 152) Das Kosten-, Erlös- und Ergebnismanagement ist als Teil der Unternehmenspolitik darauf gerichtet, mit Hilfe von systematisch-methodischen Verfahren eine ganzheitlich geprägte Beeinflussung der unternehmerischen Erfolgssituation eines Betriebes zu erreichen.

Kostenmanagement (S. 155) Das Kostenmanagement ist als Teil der Unternehmenspolitik darauf gerichtet, mit Hilfe von systematisch-methodischen Verfahren eine ganzheitlich geprägte Beeinflussung der unternehmerischen Kostensituation eines Betriebes zu erreichen. Dies entspricht dem Grundgedanken eines Total Cost Management-Konzeptes.

Kostenrechnungssysteme (S. 43) Gestaltungsformen der Kostenrechnung, die auf das Erfüllen bestimmter Rechnungszwecke ausgerichtet sind. Jedes Kostenrechnungssystem sollte auf einem in sich schlüssigen, theoretisch abgesicherten Kostenrechnungskonzept basieren, das möglichst weitgehend zugleich den spezifischen Belangen der Praxis gerecht werden muss und demzufolge auch von seinem Anwendungsbereich geprägt wird.

Kostenstellen (S. 69) Nach bestimmten Zweckmäßigkeitsgesichtspunkten gebildete organisatorische Bereiche eines Unternehmens, die aus kostenrechnerischer Sicht die

Orte der Kostenentstehung darstellen. Für jede Kostenstelle werden die von ihr verursachten Kostenarten erfasst und ausgewiesen.

Kostenstellenrechnung (S. 69) Teilgebiet der Kostenrechnung, das als abrechnungstechnisches Bindeglied zwischen der Kostenartenrechnung und der Kostenträgerrechnung steht. Sie hat die Aufgabe, die Kosten am Ort ihrer Entstehung zu planen, zu erfassen, zu dokumentieren und zu kontrollieren. Darüber hinaus hat sie in Mehrproduktbetrieben die Abrechnung sämtlicher Kostenträger-gemeinkosten sicherzustellen. Die Kostenstellenrechnung erfasst und weist diese für die Kostenstellen aus und daran schließt sich die Abrechnung der Kosten innerbetrieblicher Leistungen an.

Kostenträger (S. 87) Zwischen- oder Endprodukte als traditionelle Kalkulationsobjekte, deren Herstellung (sofern sie bereits abgesetzt sind, auch deren Vertrieb) Güter- und Dienstleistungsverzehre ausgelöst haben.

Kostenträgerrechnung (S. 87) Teilgebiet der Kostenrechnung, das die Vor- und Nachkalkulation der für die Herstellung und den Vertrieb der einzelnen Kostenträger entstandenen Kosten übernimmt. Die Kostenträgereinzelkosten entnimmt sie der Kostenartenrechnung, die Kostenträgergemeinkosten der Kostenstellenrechnung.

Kostenträgerstückrechnung (S. 87) Teilgebiet der Kostenrechnung, das die für eine einzelne Leistungseinheit einer Erzeugnisart anfallenden Kosten ermittelt. Als stückbezogene Vorkalkulation weist sie die für die Produktion und den Absatz einer einzelnen Mengeneinheit der Planung gemäß voraussichtlich anfallenden Kosten aus.

Kostenträgerzeitrechnung (S. 87) Teilgebiet der Kostenrechnung, das die für einzelne Arten von Kostenträgern innerhalb einer Abrechnungsperiode insgesamt anfallenden Kosten ausweist. Den innerhalb eines Abrechnungszeitraums für eine Kostenträgerart insgesamt erfassten Kosten stellt man regelmäßig die für diese Kostenträgerart erzielten Erlöse gegenüber, wodurch sich bestimmen lässt, in welchem Umfang einzelne Kostenträger zum Betriebsergebnis beigetragen haben.

Leistung (S. 7) Mengenmäßige Ausbringung der Produktionsprozesse, die in Form von materiellen oder immateriellen Gütern, aber auch deren Kombinationen vorliegen kann. Die Produktionsleistung eines Betriebes ist weiter differenzierbar in Absatzleistungen und Wiedereinsatzleistungen.

Lifecycle Costing (S. 164) Mit dem Instrument des Lifecycle Costing werden Kosten entlang der zeitlichen Entwicklung eines Produkts in ihrer Höhe analysiert und gestaltet.

Marginalprinzip (S. 33) Spezielles Kostenzurechnungsprinzip. Es fordert, jedem Bezugsobjekt die von ihm zusätzlich ausgelösten Kosten und Erlöse zuzurechnen: Einem einzelnen Bezugsobjekt sollen stets genau jene Kosten zugerechnet werden, die nicht anfielen, wenn das betreffende Bezugsobjekt real nicht vorhanden wäre.

Maschinenstundensatzkalkulation (S. 97) Spezielle Variante der Verrechnungssatzkalkulation, die in anlagenintensiven Mehrproduktbetrieben geeignet ist, die Kosten von in Serien- oder Einzelfertigung produzierten Erzeugnissen zu kalkulieren. Die Gemeinkostenverrechnung erfolgt auf Basis der durch den zu kalkulierenden Kostenträger in Anspruch genommenen Maschinenstunden.

Nebenkostenstellen (S. 71) Kostenstellentyp, der abrechnungstechnisch den Endkostenstellen zuzuordnen ist. In ihnen werden Nebenprodukte be- oder verarbeitet, die nicht zum eigentlich gewünschten, planmäßigen Produktionsprogramm eines Betriebes gehören (z. B. Abfallprodukte).

Neutrale Aufwendungen (S. 21) Aufwandskategorie, die im Gegensatz zu den Zweckaufwendungen grundsätzlich keinen Kostencharakter hat. Hierunter subsumiert man jene negativen Erfolgsvariablen, die betriebsfremd oder periodenfremd oder in außerordentlicher Höhe anfallen.

Plankosten (S. 109) Kostenkategorie, die aus der Gliederung von Kosten nach ihrem Zeitbezug resultiert. Plankosten sind die innerhalb zukünftiger Abrechnungsperioden zu erwartenden bzw. anzustrebenden Kosten, die aus der Multiplikation der leistungsbedingten Planverbräuche und Planpreise resultieren.

Plankostenrechnung (S. 109) Zukunftsbezogenes Kostenrechnungskonzept, das eine gedankliche Auseinandersetzung mit der Zukunft voraussetzt. Sie ermittelt und berechnet die zukünftig zu erwartenden bzw. anzustrebenden Kosten, die aus der Multiplikation der leistungsbedingten Planverbräuche und Planpreise resultieren. Diese werden nach Ablauf einer Abrechnungsperiode den Istkosten gegenübergestellt, um Soll-Ist-Vergleiche zu ermöglichen. Als Varianten dieser Kostenrechnung gelten die starre Plankostenrechnung sowie die flexible Plankostenrechnung (auf Vollkosten- oder Grenzkostenbasis), letztere kann auch für die Aufgabe der Kostenkontrolle eingesetzt werden.

Primärkosten (S. 30) Kostenkategorie, die sich aus der Differenzierung von Kosten nach der Herkunft der Einsatzgüter ergibt. Im Gegensatz zu Sekundärkosten resultieren sie aus dem bewerteten Verzehr jener Güter und Dienstleistungen, die ein Unternehmen vom Beschaffungsmarkt bezieht.

Restwertrechnung (S. 103) Kalkulationsverfahren, welches von Betrieben angewandt wird, die in Kuppelproduktion Erzeugnisse herstellen, die zueinander in einem Hauptprodukt-Nebenprodukt-Verhältnis stehen. Die Erlöse bzw. Überschüsse aus der Verwertung der Neben- bzw. Abfallprodukte werden als Kostenminderungen von den Gesamtkosten des Kuppelproduktionsprozesses subtrahiert.

Schlüsselungsverfahren (S. 103) Sammelbegriff für Kalkulationsverfahren, die von Betrieben angewendet werden, welche in Kuppelproduktion mehrere gleich bedeutsame Erzeugnisse herstellen. Die für die Kuppelproduktion anfallenden Kosten, die prinzipiell echte Gemeinkosten darstellen, werden im Verhältnis bestimmter Schlüsselgrößen auf die einzelnen Kuppelprodukte verteilt.

Sekundärkosten (S. 30) Kostenkategorie, die aus der Gliederung von Kosten nach der Herkunft der Einsatzgüter resultiert. Im Gegensatz zu Primärkosten stellen sie das wertmäßige Äquivalent des Verbrauchs von innerbetrieblich erstellten Leistungen dar.

Sollkosten (S. 111) Für die Istbeschäftigung geltende Kostenvorgaben. Ihre Berechnung ist erforderlich, um Kontrollgrößen (Istkosten) und Vorgabegrößen der Kostenplanung (Plankosten) vergleichbar zu machen, wenn die realisierte Istbeschäftigung von der geplanten abweicht.

Stufenleiterverfahren (S. 76) Verfahren der gesamtleistungsbezogenen Abrechnung der Kosten innerbetrieblicher Leistungen, das abrechnungstechnisch eine eindeutige Reihenfolge des Leistungsstroms voraussetzt und stufenweise zunächst die primären Kosten der allgemeinen Hilfskostenstellen und dann die resultierenden Summen der primären und sekundären Kosten der bereichsbezogenen Hilfskostenstellen auf Endkostenstellen abrechnet.

Target Costing (S. 160) Target Costing ist ein Instrument des Kostenmanagements und ist auf die marktorientierte Analyse und Gestaltung der Kostensituation im Unternehmen gerichtet. Im Gegensatz zur traditionellen Sichtweise der Kalkulation, die von internen Wertverbräuchen im Unternehmen ausgeht, orientiert sich die Kalkulation des Target Costing an am Markt erzielbaren Preisen.

Teilkostenrechnung (S. 39) Sammelbegriff für Kostenrechnungskonzepte, die im Gegensatz zur Vollkostenrechnung den Bezugsobjekten nur bestimmte Teile der Gesamtkosten eines Unternehmens zurechnen. Dies können bei Proportionalkostenrechnungen beispielsweise die beschäftigungsvariablen Kosten bzw. bei Einzelkostenrechnungen die direkt zurechenbaren Kosten sein.

Tragfähigkeitsprinzip (S. 33) Spezielles Kostenverteilungsprinzip. Es fordert, dass die Bezugsobjekte die (nicht direkt zurechenbaren) Kosten nach Belastbarkeitsgesichtspunkten tragen. Die Kostentragfähigkeit eines Bezugsobjektes misst man in diesem Zusammenhang meist an dem Erlös bzw. Überschuss, der mit der Vermarktung (Veräußerung) jeweils erwirtschaftet werden kann.

Transaction Costing (S. 162) Das Transaction Costing ist ein Instrument des Kostenmanagements durch das spezifische Kostenaspekte von Wertschöpfungskooperationen abgebildet werden können.

Umsatzkostenverfahren (S. 128) An den betrieblichen Funktionsbereichen orientiertes Verfahren der Betriebsergebnisrechnung, das den Umsatzerlösen einer bestimmten Abrechnungsperiode die für die Herstellung und den Vertrieb des abgesetzten Produktionsvolumens angefallenen Kosten gegenüberstellt und somit die Umsatzleistung des Unternehmens während der entsprechenden Abrechnungsperiode abbildet. Die Gesamtkosten des Zeitraums werden um die Lagerabgänge erhöht bzw. um die Lagerzugänge vermindert.

Variable Kosten (S. 35) Kostenkategorie, die aus der Gliederung der Kosten nach ihrer Reaktion auf Kosteneinflussgrößenänderungen hervorgeht. Im Gegensatz zu fixen Kosten ändert sich ihre Höhe bei Variation einer Kosteneinflussgröße innerhalb eines angegebenen Intervalls.

Verrechnungssatzkalkulation (S. 97) Kalkulationsverfahren, das für kostenträgergemeinkostenintensive Mehrproduktbetriebe konzipiert ist, die in Serien- oder Einzelfertigung unterschiedliche Erzeugnisse fertigen. Im Unterschied zur Zuschlagskalkulation werden die Gemeinkosten nicht anhand von Wertgrößen auf die Kostenträger verteilt, sondern leistungsorientiert verrechnet.

Vollkostenrechnung (S. 39) Kostenrechnungskonzept, das im Gegensatz zur Teilkostenrechnung stets die Gesamtkosten für einzelne Kostenträger ausweist, unabhängig von ihrer Zurechenbarkeit. Während die den Kostenträgern direkt zurechenbaren Einzelkosten regelmäßig unmittelbar kostenträgerspezifisch erfasst werden, erfolgt die Weiterwälzung der nicht direkt zurechenbaren Gemeinkosten über die Kostenstellenrechnung. Dort werden Zuschlags- bzw. Verrechnungssätze gebildet, die eine mehr oder weniger verursachungsgerechte Weiterverrechnung der Gemeinkosten auf die Kostenträger erlauben. Diese Abrechnungstechnik bewirkt, dass für jede Produktart nicht nur deren Einzelkosten, sondern darüber hinaus auch anteilig zugeschlüsselte Gemeinkosten, insgesamt also Vollkosten ausgewiesen werden.

Vorkostenstellen (S. 70) Kostenstellentyp, der abrechnungstechnisch den Endkostenstellen vorgelagert ist. Sie erstellen ausschließlich innerbetriebliche Leistungen. Vorkostenstellen rechnen die ihnen entstandenen Kosten an die diese Leistungen empfangenden Vor- und/oder Endkostenstellen ab.

Wiederbeschaffungspreis (S. 59) Preis, den man für die erneute Bereitstellung eines Produktionsfaktors zum Zeitpunkt seiner Wiederbeschaffung zu entrichten hat. Wenn Unternehmen ihre Substanz erhalten und hierfür keine zusätzlichen Finanzmittel aufbringen wollen, orientieren sie sich bei der Bewertung verbrauchter bzw. in Anspruch genommener Kostengüter an deren Wiederbeschaffungspreisen.

Zusatzkosten (S. 22) Kostenkategorie, die jenen betrieblichen Güterverzehr abbildet, der in Aufwandsrechnungen nicht erfasst wird. Hierzu zählen insbesondere kalkulatorische Eigenkapitalzinsen für die Inanspruchnahme von Finanzmitteln, die Eigenkapitalgeber dem Unternehmen zur Verfügung stellen, kalkulatorische Unternehmerlöhne für die unentgeltliche Inanspruchnahme der Arbeitsleistung von ihr Unternehmen selbst leitenden Unternehmern sowie kalkulatorische Eigenmieten für die unentgeltliche betriebliche Nutzung privater Grundstücke, Räume oder Anlagen.

Zuschlagskalkulation (S. 93) Kalkulationsverfahren, das von Mehrproduktbetrieben angewandt wird, die in Serien- oder Einzelfertigung sich verhältnismäßig stark voneinander unterscheidende Erzeugnisarten herstellen. Charakteristisch für die Zuschlagskalkulation ist die Separierung der Kosten in Kostenträgereinzelkosten und -gemeinkosten. Die als Einzelkosten identifizierten Kostenelemente werden den Kostenträgern direkt zugerechnet, während man die Gemeinkosten den einzelnen Produkten mit Hilfe von Zuschlagssätzen anlastet.

Zweckaufwendungen (S. 21) Aufwandskategorie, die im Gegensatz zum Neutralen Aufwand grundsätzlich Kostencharakter hat. Hierzu zählen jene Aufwendungen, die betriebszweckbezogene, ordentliche und periodeglossarnrichtige Güterverzehre abbilden.

The manufacturer's authorised representative in the EU is Springer Nature Customer Service Centre GmbH, Europaplatz 3, 69115 Heidelberg, Germany. If you have any concerns regarding our products, please contact ProductSafety@springernature.com

Printed and bound by CPI Group (UK) Ltd, Croydon, CR0 4YY

25/03/2026

02078190-0019